SOMOS UM POVO EM COMUNICAÇÃO

5º ANO

PROFESSOR

MARIA INÊS CARNIATO

SOMOS UM POVO EM COMUNICAÇÃO

5º ANO
PROFESSOR

EDIÇÃO REVISTA E AMPLIADA

Paulinas

Dados Internacionais de Catalogação na Publicação (CIP)
(Câmara Brasileira do Livro, SP, Brasil)

Carniato, Maria Inês
Somos um povo em comunicação : 5º ano : professor / Maria Inês Carniato ; [ilustrações Soares]. – 3. ed. rev. e ampl. – São Paulo : Paulinas, 2010. – (Coleção ensino religioso fundamental)

Inclui CD.

ISBN 978-85-356-0999-8

1. Educação religiosa (Ensino fundamental) I. Soares II. Título. III. Série.

09-13416 CDD-377.1

Índices para catálogo sistemático:
1. Ensino religioso nas escolas 377.1
2. Religião : Ensino fundamental 377.1

3ª edição – 2010

1ª reimpressão – 2018

Direção-geral: Flávia Reginatto

Editora responsável: Luzia M. de Oliveira Sena

Assistente de edição: Andréia Schweitzer

Copidesque: Leonilda Menossi

Coordenação de revisão: Marina Mendonça

Revisão: Ruth Mitzuie Kluska

Direção de arte: Irma Cipriani

Ilustrações: Soares

Gerente de produção: Felício Calegaro Neto

Projeto gráfico: Telma Custódio

Paulinas
Rua Dona Inácia Uchoa, 62
04110-020 – São Paulo – SP (Brasil)
Tel.: (11) 2125-3500
http://www.paulinas.org.br – editora@paulinas.com.br
Telemarketing e SAC: 0800-7010081

Convite a quem ama a educação

Você, professora/professor, que dedica suas energias, conhecimentos e tempo à grandiosa profissão de educar, com certeza deseja o melhor para seus alunos.

A escola forma o ser humano como cidadão consciente, crítico, participante e responsável, mas também como pessoa única, situada no mistério da abertura à transcendência, que se manifesta nos sinais do sagrado presentes na diversidade cultural e religiosa.

O componente curricular Ensino Religioso não é proposta de fé, mas, sim, conhecimento e apropriação de novos saberes acerca de dados reais presentes na sociedade. Proporciona a queda de preconceitos, temores e rivalidades e a convivência ética, respeitosa e solidária com as variadas diferenças que compõem a diversidade religiosa, étnica e cultural da população brasileira e da humanidade.

Cabe a você comunicar aos alunos e a seus familiares a confiança na escola e a certeza de que o Ensino Religioso, longe de excluir ou desprezar qualquer experiência ou pertença religiosa, valoriza os diferentes conhecimentos, vivências e modos de crer, presentes na sala de aula, na escola e na sociedade.

Educar para a convivência positiva com as diferenças é um dos principais objetivos do Ensino Religioso. Por isso o livro do 5º ano, *Somos um povo em comunicação*, traz o conhecimento das raízes históricas da multiculturalidade da população brasileira e das diversas tradições religiosas que aqui convivem. Sugere atividades lúdicas com música e artes, ao mesmo tempo em que valoriza o conhecimento já adquirido e as vivências religiosas trazidas pelos alunos para a sala de aula. Incentiva o exercício de observar fatos e sinais do sagrado no meio ambiente e na cultura, refletir, procurar novos saberes, expressar ideias por escrito, socializar resultados de pesquisas e tirar conclusões significativas.

Parabéns por sua coragem de apostar na eficácia transformadora do Ensino Religioso. Auguramos que este livro venha ao encontro de suas expectativas didáticas e pedagógicas e contribua para fazer de sua sala de aula uma célula do mundo de igualdade e paz com o qual todos sonhamos.

A você, um abraço de Paulinas Editora e da autora deste livro.

Ensino Religioso
Componente curricular do Ensino Fundamental

A escola é espaço de pesquisa, construção de conhecimento, apropriação do legado cultural da humanidade e reflexão sobre a vida atual, em vista da educação integral e cidadã.

O Ensino Religioso, componente curricular do Ensino Fundamental, afirma-se nas Ciências da Religião, uma nova área acadêmica adotada em universidades do mundo inteiro, nos últimos 100 anos.

As Ciências da Religião têm por objetivo o estudo sistemático da religião, ou seja, das expressões culturais da religiosidade humana, em todas as suas dimensões, formas, conteúdos, práticas, significações. Por isso, a sua estrutura é multidisciplinar. Diferentes disciplinas, como Sociologia, Antropologia, História, Geografia, Filosofia, Psicologia, dentre outras, auxiliam na abordagem e compreensão desse fenômeno universal, presente nas diferentes culturas, desde os primórdios da humanidade.

O objeto de estudo da disciplina Ensino Religioso é o Fenômeno Religioso, isto é, os sinais e as expressões da religiosidade humana na cultura e na sociedade. Edgar Morin, professor da Universidade de Paris, no livro *Os sete saberes necessários para a educação do futuro*, escrito a pedido da UNESCO (Organização das Nações Unidas para a Educação, a Ciência e a Cultura), sobre os paradigmas da educação para o Terceiro Milênio, assim diz: "O saber científico sobre o qual este texto se apoia para situar a condição humana não só é provisório, mas também desemboca em profundos mistérios referentes ao Universo, à Vida, ao nascimento do ser humano. Aqui, intervêm opções filosóficas e crenças religiosas através de culturas e civilizações" (p. 13).

O Ensino Religioso como parte da educação cidadã, visa desenvolver as duas dimensões propostas pelo professor Morin: por um lado, o saber que resulta do rigor científico e, por outro, a humanização e a superação de preconceitos e rivalidades derivados da ignorância ante a diversidade de gênero, cultura, religião ou etnia.

EXIGÊNCIA CULTURAL DA SOCIEDADE

A UNESCO há muitos anos incentiva os povos a uma convivência internacional justificada pelos Direitos Fundamentais do Ser Humano, dentre os quais o direito de crença e de culto.

Diz a *Convenção Relativa à Luta contra a Discriminação no Campo do Ensino*, de 1960: "A educação deve visar ao pleno desenvolvimento da personalidade humana e ao fortalecimento do respeito aos direitos humanos e das liberdades fundamentais, o que deve favorecer a compreensão, a tolerância e a amizade entre todas as nações e todos os grupos raciais ou religiosos, assim como o desenvolvimento das atividades nas Nações Unidas para a manutenção da paz. Deve ser respeitada a liberdade dos pais ou, quando for o caso, dos tutores legais de assegurar, conforme as modalidades de aplicações próprias da legislação de cada Estado, a educação religiosa e moral dos filhos, de acordo com suas próprias convicções; outrossim, nenhuma pessoa ou nenhum grupo poderá ser obrigado a receber instrução religiosa incompatível com suas convicções" (art. 5º).

A *Declaração sobre a Raça e os Preconceitos Raciais*, de 1978, diz: "A identidade de origem não afeta de modo algum a faculdade que possuem os seres humanos de viver diferentemente, nem as diferenças fundadas na diversidade das culturas, do meio ambiente e da história, nem o direito de conservar a identidade cultural" (art. 1º).

A *Declaração sobre a Diversidade Cultural*, de 2001, confirma em sua introdução: "A UNESCO, reafirmando sua adesão à plena realização dos direitos humanos e das liberdades fundamentais proclamadas pela *Declaração Universal dos Direitos Humanos*; [...] Reafirmando que a cultura deve ser considerada como o conjunto de traços distintivos espirituais e materiais, intelectuais e afetivos que caracterizam uma sociedade ou um grupo social, e que abrange, além das artes e das letras, os modos de vida, as formas de convivência, os sistemas de valores, as tradições e as crenças. [...] Aspirando a uma maior solidariedade baseada no reconhecimento da diversidade cultural, na conscientização da unidade do Gênero Humano e no desenvolvimento de intercâmbios culturais, proclama: [...] A diversidade cultural amplia as possibilidades de escolha que se oferecem a todos; é uma das fontes do desenvolvimento, entendido não somente em termos de crescimento econômico, mas também como meio de acesso a uma existência intelectual, afetiva, moral e espiritual satisfatória" (art. 3º).

A *Convenção para a Salvaguarda do Patrimônio Cultural Imaterial*, de 2003, acrescenta: "O patrimônio cultural imaterial [...] manifesta-se em particular nos seguintes campos: tradições e expressões orais, incluindo o idioma como veículo do patrimônio cultural imaterial; expressões artísticas; práticas sociais, rituais e atos festivos; conhecimentos e práticas relacionados à natureza e ao universo; técnicas artesanais tradicionais. Entende-se por 'salvaguarda' as medidas que visam garantir a viabilidade do patrimônio cultural imaterial, tais como a identificação, a documentação, a investigação, a preservação, a proteção, a promoção, a valorização, a transmissão – essencialmente por meio da educação formal e não formal – e revitalização deste patrimônio em seus diversos aspectos (arts. 2º e 3º).

Acesso aos textos integrais da UNESCO: <www.brasilia.unesco.org./publicacoes/docinternacionais/doccultura>.

DIVERSIDADE E DIREITOS HUMANOS NO BRASIL

O Estado brasileiro, por meio da Secretaria Especial de Direitos Humanos, vem pondo em prática os compromissos assumidos como Estado membro da UNESCO.

A *Constituição Federal* de 1988 assim diz: "É inviolável a liberdade de consciência e de crença, sendo assegurado o livre exercício dos cultos religiosos e garantida, na forma da lei, a proteção aos locais de culto e a suas liturgias" (art. 5º, inciso VI).

A Cartilha *Diversidade Religiosa e Direitos Humanos*, de 2005, complementa: "O Estado brasileiro é laico. Isso significa que ele não deve ter, e não tem religião. Tem, sim, o dever de garantir a liberdade religiosa [...] um dos direitos fundamentais da humanidade, como afirma a Declaração Universal dos Direitos Humanos. [...] A pluralidade, construída por várias raças, culturas, religiões, permite que todos sejam iguais, cada um com suas diferenças. É o que faz do Brasil, Brasil. Certamente, deveríamos, pela diversidade de nossa origem, pela convivência entre os diferentes, servir de exemplo para o mundo" (Apresentação).

Acesso à Cartilha: <www.presidencia.gov.br/estrutura_presidenciasedh/.arquivos/cartilhadiversidadereligiosaportugues.pdf>.

O ENSINO RELIGIOSO NO ÂMBITO DA EDUCAÇÃO NACIONAL

A *Constituição Federal* de 1988 assim define o Ensino Religioso: "Serão fixados conteúdos mínimos para o Ensino Fundamental, de maneira a assegurar formação básica comum e respeito aos valores culturais e artísticos, nacionais e regionais. § 1º – O Ensino Religioso, de matrícula facultativa, constituirá disciplina dos horários normais das escolas públicas de Ensino Fundamental" (cf. art. 110).

O art. 33 da *Lei de Diretrizes e Bases da Educação Nacional* de 1996, redigido pela segunda vez pela Lei n. 9475, em 1997, esclarece: "O Ensino Religioso, de matrícula facultativa, é parte integrante da formação básica do cidadão e constitui disciplina dos horários normais das escolas públicas de Ensino Fundamental, assegurado o respeito à diversidade cultural religiosa do Brasil, vedadas quaisquer formas de proselitismo".

A Câmara de Educação Básica do Conselho Nacional de Educação, na Resolução n. 7, de 14 de dezembro de 2010, ao fixar as *Diretrizes Curriculares Nacionais para o Ensino Fundamental de 9 (nove) anos*, afirma:

> "Art. 14. O currículo da base nacional comum do Ensino Fundamental deve abranger, obrigatoriamente, conforme o art. 26 da Lei n. 9.394/96, o estudo da Língua Portuguesa e da Matemática, o conhecimento do mundo físico e natural e da realidade social e política, especialmente a do Brasil, bem como o ensino da Arte, a Educação Física e o Ensino Religioso.
>
> Art. 15. Os componentes curriculares obrigatórios do Ensino Fundamental serão assim organizados em relação às áreas de conhecimento:
>
> I – Linguagens: a) Língua Portuguesa; b) Língua Materna, para populações indígenas; c) Língua Estrangeira moderna; d) Arte; e) Educação Física; II – Matemática; III – Ciências da Natureza; IV – Ciências Humanas: a) História; b) Geografia; V – Ensino Religioso.
>
> Art. 21. No projeto político-pedagógico do Ensino Fundamental e no regimento escolar, o aluno, centro do planejamento curricular, será considerado como sujeito que atribui sentidos à natureza e à sociedade nas práticas sociais que vivencia, produzindo cultura e construindo sua identidade pessoal e social.

Parágrafo único. Como sujeito de direitos, o aluno tomará parte ativa na discussão e na implementação das normas que regem as formas de relacionamento na escola, fornecerá indicações relevantes a respeito do que deve ser trabalhado no currículo e será incentivado a participar das organizações estudantis.

Art. 22. O trabalho educativo no Ensino Fundamental deve empenhar-se na promoção de uma cultura escolar acolhedora e respeitosa, que reconheça e valorize as experiências dos alunos atendendo as suas diferenças e necessidades específicas, de modo a contribuir para efetivar a inclusão escolar e o direito de todos à educação."

CONTEÚDOS DO ENSINO RELIGIOSO

No âmbito das matrizes histórico-culturais brasileiras, o objeto de estudo do Ensino Religioso é o Fenômeno Religioso enquanto Patrimônio Imaterial do povo brasileiro.

De forma pedagógica, pode-se organizar a diversidade de informações e de possíveis abordagens do conteúdo em cinco eixos temáticos, partindo-se do visível, isto é, do conhecimento ao qual os estudantes têm acesso fora da escola, por meio da cultura, da comunicação, da observação do meio ambiente ou da experiência familiar:

- **Ritos, festas, locais sagrados, símbolos** – centros religiosos, templos, igrejas, sinagogas, mesquitas, terreiros, casas de reza; cerimônias, oferendas, cultos, liturgias, rituais etc.
- **Tradições religiosas** – indígenas, africanas e afro-brasileiras, Judaísmo, Xintoísmo, Hinduísmo, Budismo, Islamismo, Fé Bahá'i, Protestantismo, Catolicismo, Pentecostalismo, novos movimentos religiosos ecléticos e sincréticos, religião cigana e outras.
- **Teologias das tradições religiosas** – diferentes nomes e atributos do ser transcendente, diferenças e semelhanças doutrinais entre as tradições religiosas; mitos de origem; crenças na imortalidade: ancestralidade, reencarnação, ressurreição.
- **Textos sagrados** – orais: mitos e cosmovisões das tradições indígenas, ciganas, africanas; escritos: livros sagrados das antigas civilizações e das tradições religiosas atuais.
- ***Ethos* dos povos e das culturas** – costumes e valores dos povos e de suas religiões.

TRATAMENTO PEDAGÓGICO DO ENSINO RELIGIOSO

O Ensino Religioso é essencialmente interdisciplinar. Requer atividades interativas que proporcionem não só pesquisa rigorosa, reelaboração de dados, produção de formas literárias e artísticas do conhecimento adquirido e reflexão, como também experiências significativas na educação integral, pois nenhuma disciplina como o Ensino Religioso lida com as questões humanas universais.

Estas, por sua vez, refletidas e dialogadas, podem iluminar questões particulares e coletivas e se transformar em construção da sabedoria de vida, que leva à cidadania e ao protagonismo na humanização e na transformação da sociedade.

Orientações para o uso deste livro

O livro do aluno não é consumível. É preciso caderno ou folhas para as atividades escritas e artísticas. Poderá ser usado por outra criança no ano seguinte, motivando os alunos a conservá-lo com cuidado e, assim, exercitar a cidadania.

MATERIAL E FONTES DE PESQUISA

Os materiais de arte da escola são apreciados por estudantes de todas as idades. Será sugerido o uso de massa de modelar, argila, tintas, lápis para desenho e pintura, tesoura, cola, papel colorido, gravuras e materiais de colagem, montagem e dobraduras, bem como todo tipo de material alternativo ("sucata"). No 5º ano, esse material servirá para expressar artisticamente ideias e conclusões de pesquisas e de reflexão.

As pesquisas de conteúdos podem ser feitas em livros, filmes documentários, *sites* da internet, revistas ou ainda por meio de entrevistas, pesquisas de campo e registros de dados por filmagem, gravação, fotografia e todos os meios aos quais os estudantes tenham acesso.

METODOLOGIA

O livro traz sugestões de atividades para cada aula. Algumas podem ser estendidas por duas ou três aulas consecutivas, conforme o desempenho e o interesse da turma. Outras podem dar origem a projetos de duração maior. Este é o motivo de haver apenas 16 aulas para serem desenvolvidas ao longo do ano.

De modo geral, cada aula terá uma ou mais sugestões de atividade de reflexão e construção de conhecimento a partir dos textos do próprio livro.

PASSOS DO PLANO DE AULA

TEXTO

No início de cada aula há um pequeno texto que relata fatos históricos ou uma situação possível na vida dos alunos. A partir dele, pode-se abordar o Fenômeno Religioso e dialogar a respeito de vários aspectos do sagrado na diversidade cultural e na realidade cotidiana.

CÍRCULO DE INICIAÇÃO

Atividade de reflexão e compreensão dos temas propostos e diálogo a respeito de conhecimentos e experiências pessoais dos estudantes.

TRAVA-LÍNGUA

Atividade lúdica cujo objetivo é divertir e integrar. Não precisa ser feita durante a aula.

TRILHA DA SABEDORIA

Atividades variadas que podem ser desenvolvidas em casa, em grupos ou individualmente. Pode-se combinar com a turma se o resultado dessas atividades será apresentado na aula seguinte ou não.

MENSAGEM DA SEMANA

A canção ou texto final representa o sonho alimentado pelas tradições religiosas: a esperança num tempo melhor para o mundo, a sociedade e as pessoas.

As músicas podem ser usadas para atividades alternativas na sala, acompanhadas de sons e ritmos produzidos pelo corpo ou por instrumentos, de preferência construídos pela turma, com material alternativo.

MÚSICA

As músicas e letras das canções citadas neste livro podem ser adquiridas acessando-se os aplicativos abaixo:

Baixar no iTunes | Spotify | Disponível no Google Play | DEEZER

Ou digitando os links:

Google Play: http://bit.ly/somosumpovoemcomunicacao-googleplay

iTunes: http://bit.ly/somosumpovoemcomunicacao-itunes

Deezer: http://bit.ly/somosumpovoemcomunicacao-deezer

Spotify: http://bit.ly/somosumpovoemcomunicacao-spotify

UNIDADE 1

Seres históricos se comunicam

Objetivo Refletir acerca da historicidade humana decorrente do desenvolvimento da inteligência e da consciência. Observar a diversidade e a comunicação que ocorrem entre as matrizes culturais e religiosas presentes no país.

1.1. O diário de bordo

OBJETIVO

Refletir a respeito do significado da história individual e coletiva, à luz do fenômeno religioso. Trazer à memória os conhecimentos adquiridos nos anos anteriores e planejar o futuro.

MATERIAL

Pequenos papéis com os nomes de todos os alunos. Caixas de embalagens, copos plásticos, papel para forrar, fita adesiva e outros materiais para construir instrumentos simulados de comunicação. Caso haja acesso a instrumentos reais de filmagem e gravação, podem ser usados.

CONTEÚDO DE APOIO

A historicidade é uma característica humana. A história é o ambiente temporal e espacial do indivíduo. Em relação à crença religiosa na eternidade, a história pode ser representada por uma linha traçada com giz na lousa. A linha tem começo e fim, é visível e tangível, mas situa-se em uma dimensão maior, não delineada. A linha pode também representar um caminho. No conceito das tradições religiosas, o ser humano é um peregrino rumo a uma meta.

Conforme os ensinamentos das tradições religiosas, a consciência e a inteligência projetam a história humana na imortalidade, pois a historicidade remete à reflexão acerca do transcendente. Os animais são *a-históricos* (conceito usado por Paulo Freire), isto é, não têm consciência da própria vida nem podem agir sobre o presente ou o futuro.

Para as tradições religiosas, a historicidade possibilita à pessoa interagir no mundo, mas também relacionar-se com o sagrado, por mediação do mundo e da história, e tal relação pessoal e coletiva pode ser constatada pelos sinais do sagrado na cultura e na sociedade, isto é, pelo Fenômeno Religioso.

TEXTO

O texto *A história dos navios* pode ser abordado sob vários aspectos: a importância dos relatos de conhecimentos e experiências pessoais durante as aulas; possibilidade de registrar a história da turma; significado do termo "seres históricos".

A HISTÓRIA DOS NAVIOS

Moro em São Luís do Maranhão. Meu pai trabalha no porto e conhece a rotina da atividade nos grandes navios. Um dia, na escola, contei o que meu pai me havia explicado a respeito de como se registra a história nos navios: os acontecimentos de cada viagem são escritos no diário de bordo.

Dias depois, a professora convocou uma assembleia na sala, para escolher um modo de escrevermos a história da turma. Então alguém se lembrou do diário de bordo e consideramos a ideia legal.

Encapamos um caderno, escrevemos na primeira página os dados históricos de nossa turma: cidade, escola, sala, nome da professora, nomes de todos nós, ano que cursamos e a data. A cada dia um de nós registra no caderno os principais fatos da aula.

Não somos escrivães profissionais, como foi Pero Vaz de Caminha, mas desenvolvemos nossa capacidade como seres históricos, porque sabemos refletir e conversar a respeito da vida e registrar os fatos mais importantes.

Pedir aos alunos que reflitam em silêncio sobre os pontos sugeridos no item *Círculo de iniciação* e depois anotem o que lembraram.

A seguir, expor o material e organizar grupos que irão confeccionar com material de sucata um equipamento necessário para uma entrevista coletiva (microfone, gravador, filmadora, holofotes). Caso haja equipamentos verdadeiros podem ser usados.

Com os equipamentos prontos, tirar a sorte, usando os nomes na caixinha e definir os entrevistados e os repórteres de cada grupo, até que cada um tenha seu papel.

Os grupos revezam-se no uso dos equipamentos: os repórteres fazem perguntas aos entrevistados, conforme os pontos já refletidos e anotados por todos.

Concluir a apresentação, acentuando a importância de se recordar, registrar e comunicar a própria história e sentir-se cidadão e cidadã de um povo e da humanidade.

CÍRCULO DE INICIAÇÃO

Você sabia que o ser histórico é capaz de lembrar e narrar a própria vida?

Em silêncio, você pode pensar nos sinais do sagrado em sua história e escrever:

- cerimônias religiosas de que já participou;
- comunidades religiosas de que já fez ou faz parte;
- algo que aprendeu com a família sobre tradição religiosa;
- onde se localiza a comunidade religiosa: templo, terreiro, centro, igreja... que você frequenta.

Se você nunca participou de uma cerimônia, ou se não pertence a nenhuma comunidade ou grupo religioso, procure descrever o que conhece pela televisão, por livros, ou pela internet.

Depois, você pode ajudar a turma a preparar um instrumento necessário para uma entrevista coletiva: câmera, gravador, microfone etc. Quando estiver tudo pronto, você será repórter ou dará entrevista a respeito do sagrado em sua história.

TRAVA-LÍNGUA

Repita rápido sem errar:

A areia arrasta a aranha
A aranha arrasta a areia.

TRILHA DA SABEDORIA

Você pode conversar com familiares e descobrir os acontecimentos mais importantes da família. Pode escrever, ilustrar com fotos e compor o livro da história familiar.

MENSAGEM DA SEMANA

CANTA, MENINADA

Canta, canta, meninada
Canta alegre esta canção
No embalo deste canto
Vai dançar meu coração!
Criançada faça a roda
Que a esperança quer dançar
Vão em frente, abrir caminhos
Nova história quer chegar! Lá, lá, lá, lá, lá...

Batam palmas pra alegria
Cantem cantigas de amor
Um sorriso pra amizade
Dancem, pisem sobre a dor! Lá, lá, lá...

Vamos chamar a justiça
Pra entrar neste cordão
Cada mesa, com certeza
Vai ter festa, vai ter pão! Lá, lá, lá...

Vamos plantar, de porta em porta
Sementes de liberdade
Pichem frases bem teimosas
Pelos muros da cidade! Lá, lá, lá...

Com as cores do arco-íris
Façam o mais lindo balão
Cada noite mais escura
Vai ser noite de São João! Lá, lá, lá...
Com os sonhos mais bonitos
Façam o mais belo presente
No domingo ao meio-dia
Mandem pra toda essa gente! Lá, lá, lá...

Canta, canta, canta, meninada
Nossa história tem que ser mudada!
Dança, dança, dança, meninada
Nossa história tem que ser mudada!
Roda, roda, roda, meninada...
Nossa história tem que ser mudada
Pula, pula, pula, meninada...
Nossa história tem que ser mudada
Grita, grita, grita, meninada...
Nossa história tem que ser mudada.

Zé Vicente. CD *Sol e Sonho*.
Paulinas/COMEP, 1996. Participação do grupo Tim do le lê.

1.2. As rochas da serra

OBJETIVO

Conscientizar a respeito da abrangência do termo "comunicação", no que se refere à história de um povo. Perceber que há milhares de anos já viviam no território do Brasil povos capazes de comunicar a experiência do sagrado.

CONTEÚDO DE APOIO

É conhecida a hipótese de que as Américas foram povoadas há mais de 40 mil anos, quando nômades da Ásia teriam atravessado a região que então unia os continentes (Europa e América do Norte), atual estreito de Behring. Traços físicos, crenças, mitos, rituais, vestes, objetos e costumes do Oriente e das nações indígenas das Américas conservam semelhanças inegáveis.

No Brasil, há indícios de civilizações milenares, tanto nas descobertas arqueológicas como nas tradições e na cultura dos povos indígenas. Temos vários sítios arqueológicos, como: Alenquer, no Pará; Vale do Catimbau, na cidade de Buíque, Pernambuco; Lagoa Santa e São Tomé das Letras, em Minas Gerais; Chapada dos Guimarães, em Mato Grosso; São Raimundo Nonato, no Piauí e diversos outros por todo o território nacional. Os sinais da historicidade aparecem na cultura popular, que guarda mitos e lendas de civilizações cujas ruínas são ocultas pela mata ou por montanhas.

Vários mitos sagrados indígenas brasileiros assemelham-se a matrizes mitológicas do Oriente. Por exemplo, o relato do dilúvio universal, presente em textos sagrados do Oriente Médio, é reconhecível na lenda guarani de Tamandaré, na qual se conta que todos os povos foram dizimados por uma grande inundação, salvando-se apenas um casal, que navegou, durante muitos dias, na copa de uma palmeira. José de Alencar utiliza-se desse mito no fim do livro *O Guarani.*

TEXTO

O texto *Excursão ao passado* pode ser abordado sob vários aspectos: a importância de conhecer a região em que se vive; a capacidade de tirar conclusões a respeito do que se vê e se pesquisa; a história do Brasil, que não começa com a chegada dos colonizadores; diferenças entre a história escrita (como a carta de Pero Vaz de Caminha) e a história vivida e comunicada por desenhos rupestres, tradição oral, mitos, lendas, crenças, folclore e obras de arte; formas atuais de comunicação da história do Brasil, além da escrita.

EXCURSÃO AO PASSADO

Eu e minha turma vivemos uma aventura inesquecível, que se transformou em comunicação. A primeira aula de História do Brasil foi uma visita cultural ao sítio arqueológico de São Raimundo Nonato, próxima à região onde vivemos, no estado do Piauí.

Visitamos o Museu do Homem Americano e depois, orientados por guias competentes, visitamos as rochas repletas de desenhos e soubemos que essa era a forma de comunicação dos primeiros habitantes do Brasil, que viveram há mais de 40 mil anos. Eles gravaram na pedra fatos e experiências importantes de suas vidas.

Na aula de Ensino Religioso, voltamos a falar de nossa "excursão ao passado". A professora contou o que os pesquisadores já descobriram a respeito das figuras gravadas na rocha. Entre outras coisas, eles pensam que os desenhos tinham significado religioso para aquele povo.

As aulas seguintes foram de pesquisa. Observamos fotos, navegamos na internet, assistimos a documentários, lemos livros e entrevistamos pessoas que nasceram na região. Por fim, fizemos, com argila, uma maquete da serra e das grutas que compõem o sítio arqueológico. Formamos um painel com fotos, reportagens de revistas e textos produzidos por nós. O título que pareceu mais adequado para o painel foi: "A comunicação do povo brasileiro começou com a experiência do sagrado".

Organizar grupos e determinar tempo para que percorram a sala, a escola e o pátio e observem expressões de valores e atitudes éticas e sagradas (alegria, gentileza, cuidado, bondade, amizade, organização, religião) em todos os textos escritos, desenhos, cartazes que encontrarem nos murais ou nas paredes.

De volta à sala, pedir que apresentem e anotem no quadro os valores e as atitudes encontrados.

Pedir aos alunos que relacionem os valores escritos no quadro com os ensinamentos das tradições religiosas que conhecem.

A seguir, lançar as questões:

- Nas formas de comunicação presentes na escola, que valores importantes estão ausentes?
- Como podemos representá-los?

CÍRCULO DE INICIAÇÃO

Você sabia que a história do povo brasileiro é repleta de sinais do sagrado?

Você pode realizar uma expedição de reconhecimento e observar sinais escritos, ilustrados ou pintados em todos os ambientes e espaços da escola.

Depois, com a turma, pode comparar valores e atitudes encontrados e os ensinamentos das tradições religiosas que você conhece.

TRAVA-LÍNGUA

Porco crespo toco preto

TRILHA DA SABEDORIA

Durante a semana você pode procurar sinais do sagrado e preparar uma reportagem de TV, revista, rádio, jornal ou outro meio para comunicar o que encontrou.

MENSAGEM DA SEMANA

FELIZ CIDADE

Um novo olhar, que traz um sonho novo
faz cantar meu povo, lê, lê, lê, lê, a!
No olhar de quem sabe enxergar,
em cada esquina,
no menino e na menina, o futuro do país.
Futuro novo, pleno de felicidade.
Feliz cidade, como a gente sempre quis!

No olhar de quem chega
do morro e da favela,
de quem desce da janela do andar superior
pra brilhar juntos na justiça e na igualdade
construindo esta cidade
como o nosso Deus sonhou!

Sonho de vida transformado em louvação,
festejando na união de uma nova humanidade,
humanidade onde todos são iguais:
ninguém é menor, nem mais,
como nosso Deus criou!

Bendito seja o novo olhar, o sonho novo!
Pra cidade, pra meu povo,
pra você, pra todos nós.
Bendito seja o Deus, artista da alegria
Nosso canto, noite e dia, aleluia, aleluia!

Zé Vicente. CD *Sol e sonho*.
Paulinas/COMEP, 1996.

1.3. A praça da igreja

OBJETIVO

Perceber a diversidade étnica, cultural e religiosa do povo brasileiro. Notar que o movimento migratório dentro do país favorece uma comunicação sempre maior entre culturas diferentes.

CONTEÚDO DE APOIO

A cultura dos descendentes de imigrantes europeus – alemães, italianos, poloneses, ucranianos e portugueses – predomina no Sul do Brasil. Mas existem também, no Sul e em outras regiões, comunidades de povos que vieram do Oriente Médio e do Extremo Oriente: libaneses, sírios, árabes, turcos, judeus, japoneses, chineses, coreanos e outros.

Os povos que aqui chegaram construíram seus locais sagrados e conservaram seus ritos religiosos e traços culturais. Muitos eram cristãos de diferentes Igrejas. Os alemães, em geral, pertenciam às Igrejas da Reforma Protestante. Já os ucranianos, libaneses, sírios e turcos mantiveram ritos, línguas e costumes cristãos do Oriente Médio. Os árabes trouxeram o Islamismo, e os judeus, o Judaísmo. Os japoneses contribuíram com o Xintoísmo e o Budismo. Mais recentemente, chegaram os coreanos, cujo país é de tradição budista.

Enquanto as etnias conservam valores de suas tradições religiosas, a migração interna favorece a diversidade cultural e religiosa. Alguns anos atrás, famílias do Sul migraram para o Centro-Oeste e para o Norte; famílias do Nordeste, que migravam para o Sudeste, atualmente vão para o extremo Sul. O vocabulário, o folclore, os costumes e as práticas religiosas se socializam sempre mais.

TEXTO

O texto *O riso das meninas* pode ser abordado sob vários aspectos: diversidade brasileira, procura de uma vida melhor, tristeza por deixar a própria terra e ir viver em outro lugar; local de reunião religiosa como lugar de entrosamento, participação e amizade; diferenças culturais, conhecimento e respeito mútuo; tradição religiosa de cada família; diálogo, descoberta das diferenças e respeito mútuo.

O RISO DAS MENINAS

Nas cidades do interior do Brasil, as igrejas localizam-se na praça principal, e lá todos se encontram.

Vivo em uma região de cultura alemã do Rio Grande do Sul. Um dia, fui com minha família à Igreja Luterana. Havia, na praça, uma barraquinha de doces e eu ouvi uma garota pedir: "Mãe, compre um doce de jerimum". Comecei a rir, mas meu pai apertou a minha mão, em sinal de advertência. Para minha surpresa, a menina tapou a boca para não rir, quando minha mãe me chamou: "Venha, Irmgard, o culto vai começar".

No dia seguinte levei meu irmãozinho até a praça e aí encontrei a garota "do doce de jerimum". Ela se aproximou e disse:

– Oi, desculpe por ter rido de você ontem, em frente à banca de doces. É que não conheço ninguém com nome igual ao seu.

– Tudo bem! Meu nome é Irmgard, em memória à bisavó de meu pai. Sou descendente de imigrantes alemães que vieram para o Sul do Brasil no século XIX. Mas eu também devo desculpas a você. Eu ri do nome que você usou para pedir um doce de abóbora.

– Eu vim do Ceará, no Nordeste do Brasil, e lá abóbora se chama jerimum.

– E qual é o seu nome?

– Meu nome é Cícera.

– Sua família é descendente de imigrantes como a minha?

– Não. Somos descendentes da nação indígena dos Cariris, que habitava o vale onde nasci. Nós migramos aqui para o Sul. Meus pais vieram trabalhar.

– Então, muito prazer, Cícera. Espero que sejamos boas amigas.

– Também espero, Irmgard!

O desejo já virou realidade. Ontem fui à casa de Cícera e conheci costumes legais das famílias do Nordeste. No próximo domingo, ela irá lá em casa me visitar. E o melhor de tudo é que, quando as aulas começarem, seremos colegas porque ela e eu vamos cursar o 5º ano.

Organizar duplas e sugerir que uma pessoa se sente no chão e a outra fique em pé. Nesta posição, olhem uma para o rosto da outra durante um minuto. A seguir, troquem de posição e continuem a olhar-se por mais um minuto. Depois, as duas em pé, olham-se de frente.

Pedir à turma que expresse os sentimentos que a experiência despertou.

Pedir aos alunos que comparem os sentimentos que tiveram com as relações entre pessoas de culturas, tradições religiosas, costumes e locais diferentes.

Questionar: existem culturas, costumes, experiências ou pessoas mais importantes ou menos importantes do que outras?

CÍRCULO DE INICIAÇÃO

Você sabia que não é legal desprezar uma pessoa por diferenças culturais, modo de falar ou por qualquer outro motivo?

Em dupla com alguém da turma, você vai experimentar a sensação de quem despreza e a de quem se sente objeto de desprezo.

Depois, pode comunicar o que sentiu e sugerir atitudes que valorizem as diferenças entre as pessoas.

TRAVA-LÍNGUA

Repita rápido sem errar:

O rato roeu a roupa da rainha
O rei, de raiva, roeu o resto.

TRILHA DA SABEDORIA

Você pode entrevistar seus familiares e escolher uma destas atividades ou criar outra:

- Fazer a árvore genealógica da família, mostrando de quais etnias descende.

- Procurar no mapa-múndi o país de origem de sua família.
- Desenhar o mapa do Brasil e traçar o caminho de sua família de uma região para outra.
- Fazer um quadro demonstrativo das tradições religiosas ou Igrejas às quais seus familiares pertenceram ou pertencem agora.
- Escrever seu itinerário pessoal: cidades, bairros ou casas em que já viveu, locais sagrados que conhece ou frequenta.

MENSAGEM DA SEMANA

CRIANÇA ENCANTO

Criança alegria, faz o dia esplendor
Criança ternura, traz brandura, cura dor
Criança pureza, traz beleza para o amor
Criança encanto, todo pranto se acabou

Amor, amor, surgiu...
Deus vem nos abençoar a paz
Paz de mãos dadas
Para a vida celebrar

Criança esperança, tua dança é divina
Criança verdade, sem maldade, só fascina
Criança quer paz, dor jamais, somente amor
Criança canção, teu coração é uma flor

Irton Ribeiro. CD *Salve a paz.*
Paulinas/COMEP, 1998.

1.4. O país dos artistas

OBJETIVO

Compreender a origem sagrada de grande parte da arte e da cultura brasileira: o movimento, o ritmo, a cor, a música e a dança que compõem as manifestações folclóricas e a comunicação popular.

MATERIAL

O necessário para desenho, pintura, escrita e para improvisar uma encenação de crianças ao redor de um ancião, no barracão da escola de samba.

CONTEÚDO DE APOIO

O movimento, o ritmo e a cor que caracterizam a cultura popular no Brasil e as manifestações populares do sagrado vêm do Catolicismo medieval, trazido pelos portugueses e sincretizados às tradições religiosas indígenas e africanas.

Nos locais sagrados da tradição religiosa afro-brasileira, os rituais de invocação e acolhida de cada orixá têm seu ritmo, cântico e veste.

Na teologia iorubá ou jeje/nagô o *ori* ("pensamento", "inteligência") é a dimensão sagrada do ser humano, moldada pelo Criador. Cada pessoa, animada pelo *axé* (energia sobrenatural) supremo, é protegida por um *orixá*: espírito que auxilia o Criador no cuidado da terra e das pessoas.

Olorum, *Kalunga* ou *Zambi* (na Umbanda, *Oxalá*) – Deus Criador, transcendente e sem nenhuma representação.

Odudua – orixá da terra mãe, esposa de *Olorum*.

Exu – mensageiro entre os orixás e os seres humanos; é homenageado no começo de qualquer culto.

Ogum – orixá dos metais, guia dos ferreiros e protetor dos agricultores.

Okô – orixá das plantas cultivadas; dá força aos alimentos que sustentam a vida.

Oxóssi – orixá protetor da mata e dos animais, não permite a violência contra a natureza.

Ossaê – orixá das plantas medicinais e das que são reservadas à cerimônia ritual.

Omulu – orixá guia dos mortos, guardião dos cemitérios.

Xangô – orixá da justiça, controlador das tempestades.

Oxum – orixá da água doce, protetora dos rios e lagos.

Iemanjá, Janaína, Princesa de Aiucá, Ianaê – mãe de todos os orixás, rainha dos oceanos e protetora da família.

Ibeji – orixás gêmeos, protetores das crianças.

Iansã – orixá senhora da chuva e dos ventos.

Oxum-maré – orixá serpente, controlador dos venenos.

Ogum Edê – orixá da sexualidade; durante seis meses do ano, é feminino, e nos seis meses seguintes, é masculino.

Ifá – orixá do conhecimento e da sabedoria.

TEXTO

O texto *A quadra da escola de samba* pode ser abordado sob vários aspectos: o ambiente em que vivem os personagens (no morro, onde há um local sagrado de tradição religiosa africana, o terreiro e um barracão de escola de samba); por que muitas famílias afro-brasileiras moram nos morros, nas favelas e nas periferias das grandes cidades; a convivência, os valores, a cultura que as crianças do morro recebem dos adultos, especialmente dos mais idosos; valores da escola de samba: expressão de arte, resultado da colaboração, trabalho em grupo, participação, alegria, cultura, religiosidade etc.; temas religiosos, culturais e de cidadania que as escolas de samba apresentam por meio da arte: ecologia, fauna e flora, lendas, mitos, personagens históricos etc.; o ritmo, a cor, a música, os movimentos, como expressão de arte e harmonia, originada nas culturas e tradições religiosas indígenas e africanas.

A QUADRA DA ESCOLA DE SAMBA

Na entrada do terreiro, dois garotos conversam:

– Edson, vamos, cara! Vai começar o ensaio dos passistas mirins! Você quer ficar de fora da escola?

– Nem pensar! Não perco por nada os ensaios na quadra, nem as rodas de histórias e lendas do Tio Brás! Você se lembra do que ele prometeu?

– Claro! Hoje ele vai contar a origem da crença nos orixás e, amanhã, vai explicar o significado dos cocares que a ala indígena da escola vai usar no carnaval deste ano.

– Meu pai disse que a escola vai homenagear as tradições religiosas indígenas e afro-brasileiras. Por isso, precisamos conhecê-las melhor.

– Então vamos descer logo o morro, antes que a roda de crianças seja tão grande, que nem possamos ouvir a voz do Tio Brás.

Quando os garotos chegaram à quadra, o velhinho perguntava às crianças:

– Conhecem a origem das festas e apresentações religiosas?

Muitas mãos se levantaram e ele deixou que todos opinassem. No fim, a garotada concluiu que a cultura brasileira é o resultado da comunicação, da diversidade de sons, movimentos e cores. Somos um país de artistas!

Organizar grupos para que desenvolvam uma das atividades sugeridas no livro do aluno.

CÍRCULO DE INICIAÇÃO

Com o grupo, você pode desenvolver uma destas atividades ou criar outra:

- Descrever por escrito uma expressão folclórica ou religiosa do bairro ou da região.
- Encerrar o texto com uma conclusão.
- Improvisar e apresentar uma encenação do texto *A quadra da escola de samba.*
- Desenhar cenas de manifestações religiosas ou culturais conhecidas na região ou vistas nos meios de comunicação.
- Citar os valores que aparecem nas manifestações culturais ou religiosas.

TRAVA-LÍNGUA

Três pratos de trigo pra três tigres tristes.

TRILHA DA SABEDORIA

Reunir material de sucata e criar miniaturas de carros alegóricos, semelhantes aos que desfilam no carnaval. Os carros devem trazer elementos da cultura afro-brasileira.

MENSAGEM DA SEMANA

MÃE ÁFRICA

Oh!... Mãe África! Mãe negra e de coração!
Teu canto é como a chuva
Fecunda este chão
Teu canto é como o Sol
Clareia a nação

A dança, o gingado, o pandeiro
Tambor, violão
O canto, o colar, a pintura
A cor é cultura desta nação
No rosto um sorriso, um axé, um eterno louvor
O negro é ternura, é raça
É obra de arte do Pai Criador

Em roda celebram a vida
A fé, o fervor
Convocam os seus Orixás
São pais, são mães, acolhem com amor
Nas guerras resistem com sangue, com luta e suor
Vencendo correntes, canhões, sonhando com um mundo
Em que não haja dor!

Lúcia Silva. CD *Partilha.* Paulinas/COMEP, 1996.

UNIDADE 2

Somos um povo religioso

Objetivo Perceber a origem sagrada da cultura brasileira e sua diversidade de valores. Entre eles, o respeito, a convivência amigável e a colaboração entre diferentes.

2.1. O horizonte do mar

OBJETIVO

Compreender o valor da tradição religiosa indígena e de seus ensinamentos para a sociedade atual.

MATERIAL

Revistas e jornais para recorte de títulos e palavras, tesoura e cola, folha grande de cartolina ou papel pardo, material para escrita.

Material para a atividade a ser feita fora do horário da aula: capim seco, folha grossa de isopor, areia, pedrinhas, galhinhos secos, caixas pequenas de embalagem, tesoura, cola, retalhos de papel verde.

CONTEÚDO DE APOIO

A crença na terra sem males, situada além do oceano, faz parte da tradição religiosa do povo Guarani, habitante do Brasil há milhares de anos.

As nações indígenas têm crenças comuns, com algumas variantes:

O Criador da vida e da natureza é inacessível. Os elementos da natureza são seus sinais. O Sol não é Deus, mas é o seu maior símbolo.

O Criador tem um rival que combate o bem por meio dos maus espíritos.

Os espíritos auxiliares do Criador protegem a natureza e as pessoas.

Os espíritos dos antepassados habitam a terra onde viveram, fazem parte da tribo e visitam a aldeia em datas especiais.

Os mediadores entre os espíritos, os antepassados e as pessoas são os pajés, os sacerdotes curandeiros.

Os nomes próprios dedicados ao Criador e aos espíritos variam de uma nação para outra, porém não modificam o essencial da crença comum.

Há uma ética indígena de convivência, que também apresenta algumas variações entre as diferentes nações:

- A honra aos ancestrais.
- O dever feminino da maternidade e da perpetuação da tribo.
- O dever masculino de sustentar e proteger a família.

- A proteção às crianças, consideradas, simbolicamente, filhas de todos os adultos e de todos os antepassados.
- A propriedade coletiva, o trabalho em grupo, visando à sobrevivência e não ao acúmulo da produção excedente.
- O lazer, a convivência e a prática religiosa.
- A escolha do chefe de acordo com sua capacidade de prover a sobrevivência da aldeia, defendê-la do perigo e respeitar as tradições e os anciãos.

Quando os colonizadores chegaram ao Brasil, a ética indígena foi violentada. Muitas nações foram reunidas nas reduções missionárias, cujo objetivo era protegê-las do extermínio imposto pelos caçadores de escravos, mas onde era defendida uma moral europeia, estranha aos costumes tribais.

Desde o século XVI os povos indígenas resistiram heroicamente à pressão destruidora e formam agora mais de 200 nações com diferentes línguas. A tradição religiosa, as organizações indígenas, as lideranças e o conhecimento da língua e da cultura dos brancos dão força aos índios para a conquista e manutenção do lugar que lhes pertence na diversidade do povo brasileiro.

TEXTO

O texto *A festa na aldeia* pode ser abordado sob vários aspectos: o que os alunos conhecem a respeito dos povos indígenas; por que muitas nações desapareceram; como os sobreviventes indígenas são tratados na sociedade atual; o que se pode aprender dos valores e das atitudes indígenas; como se pode imaginar a terra sem males, esperada pelos Guaranis; o que diríamos aos adultos acerca de como as crianças indígenas são tratadas nas aldeias; o que é preciso fazer para que os povos indígenas possam viver; o significado da canção gravada pelas crianças guaranis (dirigir-se a Deus como "nosso pai", sentir que Deus as ama e cuida delas, esperança de um futuro "sem males", reverência a Deus).

A FESTA NA ALDEIA

A aldeia Jaexaá Porã está em festa. Chegaram os avakue'i (meninos) e as kunhãngue'i (meninas) guaranis de aldeias vizinhas para o esperado dia. Após meses de ensaio, as crianças vão gravar cânticos sagrados no CD *Ñande reko arandu* [Memória viva Guarani].

Os adultos da aldeia, orgulhosos, comovidos e atentos, acompanham a montagem do equipamento feita pelos técnicos da unidade móvel do estúdio. Finalmente os instrumentos sagrados começam a marcar o ritmo e as crianças cantam:

ORERU OREMBO'E KATU

Oreru orembo'e katu
Ne'âmba Roupity'i aguâ
Oreru orembo'e katu
Ne'âmba
Roupity'i aguâ
Nhanhemboe nhanhemboe'e'i
Para rovai jajapyra aguâ
Nhanhemboe nhanhemboe'e'i
Para rovai jajapyra aguâ
Jajerojy jajerojy'i
Para rovai
Jajapyra aguâ
Jajapyra jajerojy'i
Para rovai
Jajapyra aguâ.

Tradução:

Nosso pai,
nosso pai
ensina como chegar
à sua morada
nosso pai ensina
a atravessar
para o outro lado
do oceano
reverenciamos ao pai,
reverenciamos ao pai
para atravessar
para o outro lado
do oceano.

CD *Ñande Reko Arandu* [Memória viva Guarani]. MCD World Music, 2002.

Colocar revistas e jornais à disposição da turma.

Formar trios e pedir que recortem uma palavra ou expressão na qual vejam semelhança com os valores da cultura e da tradição religiosa indígena.

Explicar que as palavras escolhidas darão origem a um texto da turma em favor das nações indígenas.

Expor a folha grande e pedir a um dos trios que cole a palavra que recortou e, a partir dela, escreva uma frase. O trio seguinte fará a mesma coisa, procurando continuar o pensamento do primeiro, e assim por diante, até que todos tenham participado e o texto esteja pronto. Lembrar que é possível fazer parágrafo no texto e mudar o assunto, quando uma palavra não se encaixa no pensamento que já foi desenvolvido.

Pedir à turma que escolha um título para o texto.

CÍRCULO DE INICIAÇÃO

Você sabia que as tradições religiosas indígenas chamam Deus de "pai" e também de "mãe"? Sabia que os povos guaranis, que vivem no litoral do Brasil, acreditam que a terra sagrada situa-se além do mar?

Você pode pesquisar palavras em revistas ou jornais e com elas escrever, em mutirão com a turma, um texto em favor das nações indígenas e de suas tradições religiosas.

TRAVA-LÍNGUA

Larga a tia, lagartixa, lagartixa, larga a tia!

TRILHA DA SABEDORIA

Que tal fazer a maquete de uma aldeia indígena?

- Passar cola em pequenas caixas de papelão (de chá ou outras) e forrá-las com capim seco cortado, em forma de cabanas. Depois de secas fazer um recorte em cada uma representando a porta (sem janelas).
- Passar cola em uma folha grossa de isopor e forrá-la com areia. Fazer pequenas árvores, com galhinhos para o tronco e papel verde para a copa. Fincar as árvores no isopor.
- Dispor as cabanas em círculo, com uma cabana maior no centro, representando a casa de rezas e cerimônias.

MENSAGEM DA SEMANA

CANÇÃO DO ÍNDIO

Índio Terena, Guarani ou Caiuá
Ara a terra, lavra a terra

Ama a terra que Deus dá
E vem o sol o seu corpo aquecer
E vem o vento sua rede balançar

Índio Terena, Guarani ou Caiuá
E vem a chuva em seu rosto escorrer
E vem a lua o seu teto iluminar

Índio Terena, Guarani ou Caiuá
Não deixa a terra
Ser tomada por ninguém
A terra é dele e é tudo que ele tem

Índio Terena, Guarani ou Caiuá
Ara a terra, lavra a terra
Ama a terra que Deus dá

Lia Campos Ferreira. CD *Tra-la-lá*.
Paulinas/COMEP, 2001.

2.2. O caso da carta

OBJETIVO

Refletir a respeito do choque entre a tradição cristã e a cultura indígena, e suas consequências desde a colonização até agora.

MATERIAL

Material para pesquisar acerca do Cristianismo e para escrita.

CONTEÚDO DE APOIO

Era crença em Portugal no tempo da colonização que as terras descobertas teriam sido destinadas por Deus à Coroa Portuguesa. Durante a primeira missa, conforme relata Pero Vaz de Caminha na carta ao Rei Dom Manoel, os nativos imitaram os portugueses, ajoelhando-se, levantando-se e erguendo as mãos. Com isso, os recém-chegados concluíram que eles facilmente receberiam a fé.

No primeiro século da colonização, boa parte dos homens das aldeias indígenas foram escravizados e mortos, e as mulheres ficaram à mercê dos brancos. Nasceram então os mestiços – chamados "mamelucos" ou "caboclos". A tradição religiosa dos primeiros caboclos resultou da fusão de costumes indígenas maternos com elementos cristãos da catequese missionária jesuítica e do Catolicismo popular português.

TEXTO

O texto *O documento do engano* pode ser abordado sob vários aspectos: consequências da falta de conhecimento do diferente; necessidade de conhecer e respeitar as diferenças; motivos que levaram os colonizadores a destruir as nações indígenas (batalhas, escravização, excesso de trabalho, doenças, matanças, tomada da terra, perseguição, confinamento em áreas onde as aldeias não podiam sobreviver); ensinamentos das tradições religiosas cristãs que os colonizadores não respeitaram ao destruírem os povos indígenas.

O DOCUMENTO DO ENGANO

A aula de Ensino Religioso em minha escola é muito legal. Traz conhecimentos do passado e ajuda a entender a vida hoje. Na última vez, a professora leu este texto:

"Senhor, [...]

Enquanto assistíamos ao sermão, estaria na praia outra tanta gente como a de ontem, com seus arcos e setas. E olhando-nos, sentaram-se, quando nós, sentados, atendíamos à pregação. [...] Parecem gente de tal inocência, que se nós entendêssemos a sua fala e eles a nossa, seriam logo cristãos, visto que não têm nem entendem crença alguma, segundo as aparências... certamente essa gente é boa e de bela simplicidade. [...] Beijo as mãos de vossa alteza, desde Porto Seguro, da vossa ilha de Vera Cruz, hoje, sexta-feira, primeiro de maio de 1500."

Pero Vaz de Caminha

Descobrimos imediatamente a que documento pertence o texto e o que ele significa. Dialogamos durante toda a aula e compreendemos que os europeus procuraram ensinar o Catolicismo aos povos indígenas, por pensarem que eles não tivessem tradição religiosa alguma. Esse engano é demonstrado na carta.

Organizar grupos que pesquisem ensinamentos do Cristianismo que levam ao respeito da diversidade e do direito de todos.

A seguir, desenvolver a atividade sugerida no item *Círculo de iniciação*.

CÍRCULO DE INICIAÇÃO

Em grupo, você pode pesquisar a respeito de ensinamentos cristãos e escolher um que ajude a fazer do mundo um lugar de vida e felicidade para todos.

Depois, pode responder a esta pergunta ou criar outra:

- O que teria acontecido aos povos indígenas se os colonizadores do Brasil tivessem observado esse ensinamento cristão?

TRAVA-LÍNGUA

Repita rápido sem errar:

Paga o pato, dorme o gato,
foge o rato, paga o pato,
dorme o rato, foge o pato,
paga o pato, dorme o gato.

TRILHA DA SABEDORIA

Você pode entrevistar pessoas de comunidades cristãs evangélicas ou católicas e perguntar:

- O que você e sua comunidade fazem para ajudar os que necessitam superar situações difíceis e viver com mais justiça, paz e alegria?

MENSAGEM DA SEMANA

UM GRITO DE LIBERDADE

Um grito de liberdade
clama o nosso país
o sonho de uma alvorada
onde se viva feliz!

Nasce no mato um pau d'arco
voz de um desabafo
clama nosso chão
uma andorinha perdida
canta a beleza da vida
quero que viva a nação!

Deixe o sereno cair
o mal não mais existir
defenda a criação!
Dela é que vem o peixe
a planta, o legume
a fruta, o pão.

Veja a grande riqueza
ela será transformada
é obra da criação
formiga virar mariposa
lagarta virar borboleta
folhas se transformarão!

Índio criar sua flecha
flauta é feita do mato
na festa todos dançarão
cobra não mais venenosa
da tribo a voz:
índio, vida e chão!

Lê, lêlê, lêlê, lêlê, lê lêlê!

Lúcia Silva. CD *Partilha*. Paulinas/COMEP, 1996.

2.3. A história perdida

OBJETIVO

Conhecer a origem das tradições religiosas afro-brasileiras e refletir a respeito da contribuição que trazem à cultura atual.

MATERIAL

Papel pardo grande para fixar na parede ou no quadro. Material para desenho ou pintura em mutirão sobre o papel pardo.

CONTEÚDO DE APOIO

Em 1548, Portugal iniciou o tráfico de escravos africanos para a Colônia. Até 1852, quando foi suspenso, entraram no Brasil cerca de 3 milhões e 500 mil pessoas.

Os africanos pertenciam a diferentes etnias e tinham crenças e costumes religiosos próprios. Alguns eram muito mais cultos do que os colonizadores.

Os sudaneses, que desembarcaram em Salvador (BA), vinham de tribos que na África haviam sido convertidas ao Islamismo. Alguns eram mestres do Corão. Sabiam lê-lo em árabe ou o recitavam de memória. Eles preservaram costumes islâmicos ainda visíveis, como a roupa típica das baianas de Salvador: veste branca, turbante e chinelos.

Muitos negros que desembarcaram no Brasil anônimos, humilhados, famintos, perplexos e dominados, eram líderes tribais, reis, sacerdotes, sábios e chefes na África. Ao chegarem, foram vendidos, receberam nome cristão e tiveram a face marcada a ferro em brasa com as iniciais do proprietário. Nos engenhos, na mineração ou nas estâncias procuraram solidarizar-se e superar as diferenças, uma vez que no continente africano pertenciam a tribos diversas.

O ponto de entendimento dos africanos escravizados foi a conservação das crenças e ritos sagrados colocados sob a proteção de santos católicos, para não serem destruídos pela repressão dos senhores.

TEXTO

O texto *Descendentes de reis e rainhas* pode ser abordado sob vários aspectos: escravizar as pessoas é obrigá-las a viver situações que agridem sua dignidade e são causa de marginalização, exclusão social, fome, além de gerarem falta de moradia, desemprego, analfabetismo, trabalho infantil, tráfico de drogas, prostituição, violência e outros; a necessidade de se corrigir erros do passado para mudar o presente e o futuro; a luta do povo negro pelo reconhecimento e o respeito aos seus valores sagrados; traços culturais desse povo (alegria, resistência, luta, coragem de enfrentar dificuldades, desejo de liberdade, tradição religiosa, organização etc.); os terreiros, locais sagrados afro-brasileiros.

DESCENDENTES DE REIS E RAINHAS

Aqui em Rondônia vivem famílias que vieram de outros estados do Brasil. Em nossa escola, na aula de Ensino Religioso, procuramos conhecer a história do povo, porque assim compreendemos a origem de nossas tradições religiosas. Descobrimos que a história do Brasil esclarece o início da cultura e dos costumes religiosos do país inteiro.

No trabalho de pesquisa, vimos que os povos indígenas foram escravizados, e assim desapareceram aldeias inteiras. Foi preciso encontrar mais gente para escravizar e os traficantes de escravos trouxeram da África pessoas lá capturadas. Alguns homens e mulheres africanos que chegaram aqui eram reis e rainhas, sacerdotes ou sacerdotisas, professores, chefes, mas foram maltratados e desprezados, e a história de cada um deles se perdeu no silêncio.

Além de pessoas nobres, também cidadãos humildes foram arrancados de suas famílias e aldeias e trazidos para a escravidão. Mas a maioria, em meio ao sofrimento,

ensinou aos filhos as tradições e a sabedoria da África e, atualmente, os descendentes procuram reavivar os valores sagrados por eles comunicados.

A turma sentiu-se comovida ao conhecer essa história. Não sabíamos quase nada a respeito das origens do povo negro no Brasil. Agora passamos a admirá-lo muito mais.

Esclarecer o sentido da palavra "terreiro" (espaço amplo de terra no centro de uma aldeia ou vila, espaço ao redor da casa no qual a família convive, lugar de brincadeiras, convivência, encontro, trabalho, participação etc.).

Pedir a todos que opinem e escrever no quadro.

Organizar grupos e pedir que recordem cenas que podem ocorrer em um terreiro (festa junina do interior, festas familiares, casamentos, almoço à sombra das árvores, crianças brincando, árvores carregadas de frutos maduros, presença de animais domésticos e de estimação etc.).

Pedir a um ou dois representantes de cado grupo que desenhem no papel pardo as cenas que o grupo imaginou.

Depois de completo o desenho, sugerir à turma que o observe e encontre valores e atitudes presentes nas cenas (comunicação, criatividade, alegria, liberdade, convivência familiar, festa, descanso, oração, partilha de alimento, proximidade de animais etc.).

Concluir que os valores e as atitudes lembrados pela turma existem nos locais sagrados das tradições religiosas afro-brasileiras, por isso eles se chamam *terreiros.* Faz parte da tradição das tribos africanas. Neles, cultuam-se os orixás, espíritos da natureza que protegem as pessoas e as ensinam a viver em paz e com alegria.

Ressaltar que no Brasil muitas pessoas de origem africana se engajaram em comunidades cristãs, mas preservaram a cultura de seu povo de origem. Este é um sinal de que as tradições religiosas não podem ser inimigas, pois além das diferenças elas têm muitas semelhanças entre si.

CÍRCULO DE INICIAÇÃO

Você sabia que o local sagrado das tradições religiosas afro-brasileiras chama-se "terreiro"? Sabia que o terreiro pode ser um lugar de comunicação e de agradáveis surpresas?

Em grupo, você pode imaginar e desenhar cenas que acontecem em um terreiro. Depois, observar desenhos de outras grupos e identificar valores, atitudes e ensinamentos sagrados presentes em um terreiro.

TRAVA-LÍNGUA

A lontra prendeu a tromba
do monstro de pedra e a prenda
de prata de Pedro, o pedreiro.

TRILHA DA SABEDORIA

Que tal convidar pessoas de ascendência africana a virem conversar com a turma?

MENSAGEM DA SEMANA

A cultura popular brasileira reflete, muitas vezes, tradições de origem africana misturadas à tradição religiosa católica. As canções que se seguem foram recolhidas na cidade de Goiás (GO). Fazem parte da congada, uma espécie de dança teatral que representa o encontro entre reis de Angola e do Congo. Normalmente, as letras das músicas das congadas louvam personagens do Catolicismo, como São Benedito e Nossa Senhora do Rosário.

Observe a linguagem dos cânticos. É diferente da língua escrita.

DEUS TE SALVE A CASA SANTA

Moça goiana
chega na janela
venha ver os congos
que êvai pra guerra.

Se eles for pra guerra
Eles vai guerreá
se eles não morrê
tornará vortá.

Deus te salve a casa santa
aonde Deus fez a morada
aonde mora o cálix bento
e a hóstia consagrada.

Folclore de Goiás (GO), recolhido por Ely Camargo.
CD *Cantigas do povo, água da fonte*. Paulinas/COMEP, 1999.

2.4. O diálogo ao entardecer

OBJETIVO

Compreender as tradições religiosas orientais e seus valores de harmonia, paz, compaixão, convivência serena e comunicação com o sagrado.

MATERIAL

Uma flor, um pequeno ramo sem folhas e um ramo verde para cada um dos estudantes. Aparelho de som e música suave (clássica ou própria para relaxamento). Material para fixar as flores (pedaço pequeno de isopor grosso, recipiente com areia molhada, argila ou material próprio, comprado em floricultura). Se possível, expor fotografias ou modelos de *ikebana*.

CONTEÚDO DE APOIO

Durante a formação do povo brasileiro, a miscigenação religiosa deu-se entre as tradições religiosas então aqui predominantes: o Catolicismo europeu medieval e as tradições religiosas africanas e indígenas. Depois vieram os judeus e os cristãos da Reforma Protestante: calvinistas e luteranos.

As tradições religiosas do Extremo Oriente chegaram no século XX, com os imigrantes japoneses, coreanos e chineses. O Budismo é representado por maior número de seguidores e conta com muitos adeptos brasileiros, especialmente no ramo zen. Também a filosofia religiosa Seicho-no-iê inspira-se no Budismo. Outras tradições religiosas orientais, como o Xintoísmo (tradição religiosa oficial do Japão), têm pequena representatividade. O Islamismo foi trazido pelos imigrantes árabes e é preservado pelos descendentes.

Atualmente, novos grupos inspirados em tradições religiosas orientais estão modificando o panorama religioso, tanto nos grandes centros urbanos, como em cidades do interior, especialmente por meio da cultura da comunicação.

TEXTO

O texto *O despertar da harmonia* pode ser abordado sob vários aspectos: na cultura das famílias do Oriente, os mais idosos ensinam as tradições sagradas às crianças; é preciso perguntar aos adultos o que se quer saber e muitas vezes eles não contam suas crenças e experiências porque pensam que as crianças não terão interesse; a tradição religiosa está presente em todos os momentos da vida cotidiana, não só quando se reza ou se vai a um local sagrado; cada pessoa, povo, cultura ou tradição religiosa tem suas diferenças, que formam a beleza e a harmonia na diversidade, assim como em um jardim, onde cada flor tem seu formato, tamanho, cor e perfume; a cultura do Oriente (Japão, Coreia, China etc.) valoriza a serenidade, a concentração, a beleza, a harmonia, a paciência, os gestos lentos e elegantes e a paz.

O DESPERTAR DA HARMONIA

É fim de tarde de verão. Os vidros coloridos da floricultura filtram a luz do sol, que dá às rosas brancas a aparência de pequenas nuvens iluminadas por um arco-íris.

Tomie, a anciã imigrante, concentrada e serena, prepara uma maravilhosa *ikebana*, que a bisneta contempla fascinada ao perguntar:

– Vovó, você sempre trabalhou com flores?

– Sim, desde menina aprendi a criar, com flores, a harmonia e a beleza que despertam bons sentimentos.

– Por isso você fica horas em silêncio, contemplando as flores!

– Contemplo as cores e formatos e penso no Xintoísmo, a tradição religiosa do Japão, que ensina a conviver e a respeitar todos os seres da natureza e todas as pessoas.

– Se fosse assim, o mundo seria um jardim, não é, vó?

– Sim! Um jardim formado pela diversidade, no qual cada pessoa, família, tradição religiosa ou cultura seria admirada em sua diferença e beleza, assim como são as flores.

O diálogo foi interrompido pela chegada de um jovem que pediu uma *ikebana* para o aniversário da mãe. Antes de escolher, porém, ele ficou por um instante em silêncio, impressionado pela paz que sentiu naquela floricultura tão bela e aconchegante.

Fazer com que todos tenham o material necessário para montar uma *ikebana*, o arranjo floral japonês.

Explicar que esse tipo de arranjo possui um elemento vertical (o ramo) e um horizontal (o vaso), ou o contrário. As duas direções simbolizam o encontro do sagrado com o terreno.

Colocar música de fundo e motivar um instante de silêncio e concentração. Pedir que procurem conscientizar-se da presença inspiradora de Deus e dos colegas e da beleza e harmonia que existem na natureza. Que pensem na pessoa que mais amam e preparem o seu arranjo floral como se fosse para ela.

Depois de todos terem concluído a atividade, pedir que comuniquem os sentimentos e as inspirações despertadas pela experiência.

CÍRCULO DE INICIAÇÃO

Você sabia que o silêncio, a arte, as cores nos ajudam a encontrar paz e harmonia?

Após um tempo de concentração, você pode montar uma pequena *ikebana* para uma pessoa especial.

TRAVA-LÍNGUA

Repita rápido sem errar:

Enquanto ela calça a bota
ele bota a calça
enquanto ele calça a calça
ela bota a bota.
Enquanto ela bota a calça
ele calça a bota.

TRILHA DA SABEDORIA

Você pode observar um jardim, uma floricultura, uma foto ou gravura de uma *ikebana* e escrever um texto que compare as diferenças das flores e a diversidade dos sinais do sagrado na cultura brasileira.

MENSAGEM DA SEMANA

O ESSENCIAL É INVISÍVEL

O essencial é invisível aos olhos
só se vê bem com o coração
há beleza, há bondade
que jamais se expressou em canção
ela vai muito além da aparência
e a percebem os olhos do amor
não se fala, não se canta
mas dá à vida sentido e valor.

Todos temos riquezas escondidas
que é preciso saber descobrir
cada gesto e palavra
são mensagens a quem quer ouvir
só no dia em que olharmos o outro
como Deus desde sempre o quis
com ternura e amizade
nosso mundo será mais feliz.

Míria Kölling. CD *Canções para orar 5*.
Paulinas/COMEP, 1998

UNIDADE 3

Comunicamos nossas crenças e valores

Objetivo Refletir acerca das contribuições que as tradições religiosas proporcionam ao povo brasileiro, na convivência com a diversidade e no respeito aos direitos de todos.

3.1. O santuário da floresta

OBJETIVO

Conhecer um dos principais ensinamentos sagrados das tradições indígenas: a reverência e a convivência pacífica com todos os seres da natureza.

MATERIAL

O necessário para que cada grupo faça um cartaz: revistas para recortar gravuras, material para desenho, tesouras, cola, tinta, pincéis atômicos etc.

CONTEÚDO DE APOIO

As crenças indígenas variam, mas a essência é a mesma: o ser humano faz parte de uma existência coletiva determinada pelo Criador, da qual participam os antepassados, os espíritos dos elementos naturais e até os maus espíritos.

A coletividade e os deveres sagrados estão na base da identidade indígena. O comportamento individual repercute no equilíbrio do meio ambiente e no bem-estar da aldeia. O ser supremo é inacessível e invisível, mas a natureza é sinal de sua presença. A reverência e a relação de irmandade com todos os seres permitem às tribos viver em harmonia reverente com a natureza e compreender o caráter sagrado da terra e do universo.

TEXTO

O texto *A lição da escola indígena* pode ser abordado sob vários aspectos: diferenças entre a cultura indígena e demais, por exemplo: em relação à posse de terra, à partilha do alimento, ao respeito pelos animais; o que é possível aprender da tradição indígena, para que a sociedade brasileira seja melhor para todos.

A LIÇÃO DA ESCOLA INDÍGENA

O fato mais legal deste bimestre em minha escola foi a visita a uma aldeia indígena que fica perto de nossa cidade, aqui no Mato Grosso.

Quando chegamos, as crianças cantaram boas-vindas na língua da tribo e explicaram seus costumes e suas crenças.

Na hora do lanche, nossa turma foi convidada a entrar na floresta e comer frutas colhidas da árvore. Logo tentamos encher os bolsos e as mochilas, mas as crianças indígenas assustaram-se com nossa atitude. Explicaram então que Deus alimenta todos os seres vivos por meio da natureza. Não podemos colher mais do que a quantidade necessária, porque faltaria alimento para os animais.

Depois fomos ao rio e soubemos que os indígenas não pescam além do que precisam para o dia. A tradição religiosa indígena ensina que o rio, a terra, as plantas, a luz do sol e os animais não são propriedades de ninguém.

Quando nos despedimos dos novos amigos, havíamos entendido por que a mata das reservas indígenas é tão bem preservada. A floresta é como um grande santuário, onde tudo é sagrado. A natureza merece respeito e veneração, pois é por meio dela que o Criador protege a vida de todos os seres.

Agora vamos pensar: o que podemos explicar de nossa cultura para as crianças indígenas, quando elas vierem visitar a nossa escola?

Escrever no quadro a frase: "O que é preciso para que no Brasil todos os seres se sintam respeitados e possam viver como ensinam as tradições religiosas indígenas?".

Organizar grupos e distribuir um verbo para cada um. Por exemplo: aumentar, repartir, multiplicar, acabar, respeitar, abrir, fechar etc.

Sugerir a cada grupo que escreva seu verbo no espaço branco da frase e encontre o maior número possível de respostas. Por exemplo: *aumentar* as reservas indígenas, a despoluição dos rios etc.; *abrir* escolas, hospitais, postos de trabalho etc.; *acabar* com os latifúndios, com a corrupção, com o desmatamento, com o desrespeito às reservas indígenas e outros.

Pedir a cada grupo que faça um cartaz com as soluções encontradas e o ilustre com desenhos ou colagens.

CÍRCULO DE INICIAÇÃO

Você pode participar do "grupo do verbo". Ao receber um verbo, pode completar com ele a frase que estará no quadro. Quando os grupos estiverem prontos, podem criar um painel, com sugestões para que as culturas indígenas sejam respeitadas em nosso país.

TRAVA-LÍNGUA

Chuchu roxo em tacho sujo.

TRILHA DA SABEDORIA

Você pode escolher uma ou duas das sugestões abaixo e pesquisar ou entrevistar pessoas:

- o valor das ervas de chá;
- o valor nutritivo das frutas e dos legumes;
- o efeito da água ou da falta dela na natureza;
- o efeito da luz do sol ou da falta dela na natureza;
- o equilíbrio criado pela presença de espécie animais, de insetos etc.

Depois é só escrever textos e ilustrar as pesquisas com colagens ou desenhos. Pode, então, montar um álbum com o tema e criar para ele um título bem legal.

MENSAGEM DA SEMANA

A FLOR VITÓRIA-RÉGIA

Nas águas calmas ali está
a vitória-régia a repousar
a linda flor, sempre a boiar
já virou lenda, eu vou contar

Lá na tribo Apinagés
nasceu Naiá
indiazinha muito linda
que gostava de cantar

vivia na mata
a sonhar com o luar
querendo que Jaci
a levasse para lá

Pra se encantar
numa linda estrelinha
e pertinho de Jaci
lá no céu ela morar

mas o tempo foi passando
e Naiá cresceu
cresceu pensando
em se encantar

Até que um dia, pertinho dela
nas águas calmas, Jaci brilhou
ao ver a lua quis abraçá-la
e mergulhando jamais voltou

Nas águas do rio desapareceu
e uma vitória-régia ali nasceu
foi Jaci, com muito amor
que em vitória-régia a transformou.

João Collares. CD *Calendário escolar musicado – Datas comemorativas 3*. Paulinas/ COMEP, 2002.

3.2. O aroma de pão quente

OBJETIVO

Refletir acerca do ensinamento da tradição cristã, que incentiva a ação cidadã na construção da sociedade solidária.

MATERIAL

Retalhos de cartolina em forma de carta de baralho em número igual ao de estudantes. Material para escrita.

CONTEÚDO DE APOIO

A cultura cristã no Brasil é formada por diversas Igrejas, algumas vindas há muito tempo e outras mais recentes. No século XIX, o Rei Dom João VI solicitou à Alemanha e à Inglaterra engenheiros e técnicos para a construção de ferrovias no Brasil, e os que vieram eram luteranos ou anglicanos. Mais tarde, as duas Igrejas se expandiram com a chegada de missionários e de imigrantes alemães, no fim do mesmo século.

Ainda no século XIX, o imperador Dom Pedro II, amigo de um pastor norte-americano da Igreja Congregacional, franqueou o país para novas Igrejas dos Estados Unidos. Vieram, na época, os missionários evangélicos, presbiterianos, batistas e metodistas. Os pentecostais chegaram em 1910 e desde o começo do século XX até agora novas Igrejas foram fundadas no Brasil.

O Cristianismo tem sua origem na pessoa e na vida de Jesus Cristo e nos seus ensinamentos. Inspira-se, principalmente, no Segundo ou Novo Testamento, a parte da Bíblia que se refere a Jesus e a seus seguidores, e às primeiras comunidades cristãs. Suas características são o amor ao próximo, inclusive aos inimigos, a ação solidária, a fraternidade, o perdão e a fé na ressurreição.

TEXTO

O texto *O exemplo do livro sagrado* pode ser abordado sob vários aspectos: relatos de exemplos familiares na sala de aula; ações comunitárias de solidariedade; crenças principais de cada uma das tradições religiosas; respeito pelas diferenças.

O EXEMPLO DO LIVRO SAGRADO

Durante a feira de ciências fizemos o "cantinho do sagrado". Trouxemos fotografias de cerimônias, de atividades e de festas, símbolos e livros religiosos de nossos familiares. Foi legal descobrir que as tradições religiosas possuem diferenças e também várias semelhanças.

Uma das fotos que mais interessou aos visitantes do "cantinho" foi a atividade das mães em uma comunidade cristã. Elas se reúnem para fazer pão. Quem pode traz os ingredientes, e quem está sem emprego e não pode trazer nada ajuda no trabalho. No fim, todas levam pães para casa. Quando aquele aroma conhecido se espalha pelo bairro, as pessoas vêm comprar o pão quentinho.

Alguém quis saber como começou a ser usado o forno comunitário na comunidade cristã e o menino que trouxe a foto contou: "Um dia minha mãe e outras pessoas reuniram-se para orar e o pastor da igreja explicou a passagem do Novo Testamento que fala das primeiras comunidades cristãs e diz: 'Todos repartiam o pão e não havia necessitados entre eles' (cf. At 2,46). Elas, então, viram que podiam aliviar o sofrimento das famílias necessitadas, repartindo o pão. E assim fizeram".

Distribuir os retalhos de cartolina para que os estudantes escrevam um ensinamento ou atitude da tradição religiosa à qual pertencem (participar de uma comunidade, ler e meditar o livro sagrado, perdoar, ajudar os necessitados, reverenciar os anciãos, não mentir, amar o próximo, compartilhar os bens, orar, não praticar injustiça, acolher os necessitados). Os que não têm tradição religiosa familiar podem escrever uma atitude positiva que aprenderam em casa.

Depois de escritas, juntar e embaralhar as cartas e redistribuir.

Formar trios e deixar que por alguns minutos conversem a respeito dos ensinamentos escritos em suas cartas e, então, tentem sintetizá-las em uma só frase. A seguir, podem representar a frase e a partir dela imaginar uma cena da vida cotidiana para ser transformada em dramatização.

CÍRCULO DE INICIAÇÃO

Com a turma, você pode criar o baralho de ensinamentos sagrados. Depois, em trios, pode fazer um resumo, criar uma cena atual e representá-la com uma dramatização.

TRAVA-LÍNGUA

Troca o trinco e traz o troco
Troca o troco e traz o trinco.

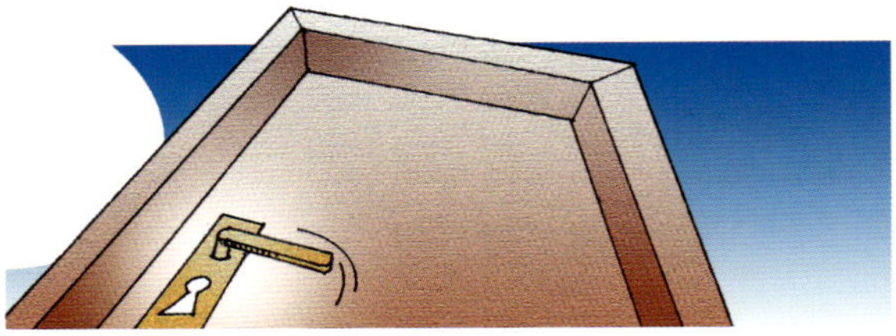

TRILHA DA SABEDORIA

Você pode imaginar que é um repórter e visitar uma obra social mantida por uma comunidade cristã protestante, evangélica ou católica para fazer uma reportagem a respeito dos valores encontrados.

MENSAGEM DA SEMANA

EU SIGO O AMOR

Pela estrada eu vou, não posso parar
vou levando o amor, não posso parar
canto uma canção, não posso parar
pois eu sigo o amor, não posso parar

Não posso parar, não posso parar
pois eu sigo o amor e o amor é caminhar

Vou além do mar, não posso parar
passo vales, vou, não posso parar
subo tantos montes, não posso parar
pois eu sigo o amor, não posso parar

Vou pelo deserto, não posso parar
pelo campo vou, não posso parar
cortando as estradas, não posso parar
pois eu sigo o amor, não posso parar

Vou fazendo versos, não posso parar
aprendendo vou, não posso parar
ensinar eu tenho, não posso parar
pois eu sigo o amor, não posso parar

Vou muito feliz, não posso parar
alegrando vou, não posso parar
e de novo eu canto, não posso parar
pois eu sigo o amor, não posso parar.

Zé Martins. CD *Seguindo*.
Paulinas/COMEP, 1999.

3.3. A bênção de cada dia

OBJETIVO

Compreender o valor e a atualidade dos ensinamentos das tradições religiosas afro-brasileiras para a construção da sociedade na qual todos sejam valorizados.

MATERIAL

Pipoca ou bolo de fubá suficiente para todos.

CONTEÚDO DE APOIO

No tempo da escravidão no Brasil, a maioria dos engenhos e fazendas tinha capela. O capelão, residente ou itinerante, instruía as crianças brancas em conhecimentos básicos de leitura e aritmética e ensinava a tradição religiosa católica. Nas aulas de religião eram admitidos os filhos dos escravos.

Os ritos sagrados da África eram proibidos, mas as famílias os realizavam nas senzalas, onde eram trancadas à noite, para não fugirem. Na senzala improvisavam o serviço religioso com os instrumentos de cozinha. Até hoje, os objetos sagrados das cerimônias afro-brasileiras são rústicos: pratos, tigelinhas, copos, alguidares e caldeirinhas de barro, gamelas, talheres de madeira, cabaças, cuias.

As ofertas aos orixás frequentemente eram derivadas de milho, porque na maioria das senzalas o alimento dos escravos era milho seco, que devia ser debulhado, socado e cozido à noite.

Com a abolição da escravatura os africanos foram expulsos das senzalas e das fazendas para as estradas, para os morros e as praças das cidades, sem casa, sem trabalho, sem comida, sem terra, sem qualificação, sem dinheiro, sem direitos e sem ter para onde ir.

Desprezados, temidos e enxotados, mesmo assim conservaram suas tradições religiosas, com a alegria e a festa que as caracterizam. Os nomes dos locais sagrados afro-brasileiros variam conforme a região em que se localizam e a língua africana a que pertencem: a macumba, do Rio de Janeiro, deriva do grupo étnico banto, enquanto o candomblé, da Bahia, deriva do nagô. As denominações mais conhecidas das tradições religiosas afro-brasileiras são: Candomblé, na Bahia; Macumba, no Rio de Janeiro; Xangô, em Pernambuco, Rio Grande do Norte e Alagoas; Catimbó, nos estados do Nordeste, onde é grande a influência indígena; Pajelança, na Amazônia, onde também há miscigenação de crenças indígenas; Tambor de Minas, no Maranhão; Batuque, no Pará e nos estados do Sul.

TEXTO

O texto *O Axé de Olorum* pode ser abordado sob vários aspectos: como a pessoa se sente quando chega a um ambiente novo e desconhecido; o que fazer para que alguém se entrose rapidamente; qual o efeito de palavras ditas com simpatia, amizade, respeito ou manifestando desprezo, crítica e indiferença; por que a cultura afro-brasileira utiliza a palavra *axé*, do nagô, que significa paz, bênção, alegria, dons de Olorum, o Criador; a forma pela qual uma escola pode conhecer e assimilar os valores culturais do bairro onde está localizada; a importância de acompanhar as palavras com atitudes correspondentes.

O AXÉ DE OLORUM

Cheguei ao bairro com minha família no segundo mês de aula. Entrei na turma do 5º ano e nos primeiros dias o entrosamento foi difícil. Eu tinha saudades da outra escola e não conhecia ninguém por aqui. Mas agora vejo o quanto foi bom e estou superfeliz.

No começo eu achava estranho as pessoas dizerem "axé", em vez de "bom-dia" e de "tchau". Então me explicaram que "axé" significa a bênção de Olorum. Este é o nome do Criador em muitas tradições religiosas afro-brasileiras.

Minha vida mudou nessa escola, porque a saudação axé é sempre acompanhada de sinais de amizade: um sorriso, um tapinha no ombro, um convite, um segredo no ouvido, um trabalho em grupo feito com cuidado.

Agora eu também digo axé, não só na escola, mas em casa, e a quem encontro na rua. Entendi que a bênção de Olorum está em nós e podemos comunicá-la.

Se possível, a aula deve ocorrer em ambiente externo.

Distribuir pipoca ou bolo aos alunos e, enquanto todos saboreiam, sentados em círculo, pedir que comuniquem o que sentiram diante da surpresa de comer durante a aula.

Após todos falarem, explicar o significado do axé – a bênção – comparando-o com a alegria de uma surpresa inesperada.

Esclarecer que a pipoca, o bolo de fubá, o mungunzá ou canjica e outros derivados de milho são símbolos de bênção, e as tradições religiosas afro-brasileiras os utilizam em suas oferendas de gratidão ao Criador e aos orixás.

CÍRCULO DE INICIAÇÃO

Com a turma, você pode compartilhar e saborear alimentos simbólicos das tradições religiosas afro-brasileiras (pipoca, bolo de fubá ou outros). Depois, pode comunicar os sentimentos que a novidade lhe despertou e encontrar semelhanças entre esse sentimento e a bênção de Olorum.

TRAVA-LÍNGUA

Olha o sapo dentro do saco
Olha o saco com o sapo dentro

TRILHA DA SABEDORIA

Se você frequenta um local sagrado afro-brasileiro, pode trazer para a sala algum símbolo lá usado e explicá-lo à turma. Se não frequenta, escute com atenção e respeito o que os colegas irão apresentar.

MENSAGEM DA SEMANA

DEUS NOS ABENÇOE

Deus nos abençoe, Deus nos dê a paz!
A paz que só o amor é que nos traz!

A paz na nossa vida, no nosso coração
e a bênção para toda a criação!

A paz na nossa casa, nas ruas, no país
e a bênção da justiça que Deus quis!

A paz pra quem viaja, a paz pra quem ficou
e a bênção do conforto a quem chorou!

A paz entre as Igrejas e nas religiões
e a bênção da irmandade entre as nações!

A paz pra toda a terra e a terra ao lavrador
e a bênção da fartura e do louvor!

Zé Vicente. CD *Nas horas de Deus, amém!*
Paulinas/COMEP, 1998.

3.4. O segredo de um dia de chuva

OBJETIVO

Refletir acerca da crença no Criador, como principal ponto de convergência das tradições religiosas.

MATERIAL

O necessário para que cada grupo faça um desenho ou pintura.

CONTEÚDO DE APOIO

A maioria dos provérbios vem da sabedoria popular. "O Sol nasce para todos" é um antigo provérbio de Portugal, usado também no Brasil, quando se fala de direitos iguais. Pode ser usado para iniciar um diálogo a respeito da generosidade da natureza, que não recusa seu benefício a ninguém.

A maioria dos provérbios populares pode gerar diálogos a respeito da vida e da ética. Além de provérbios, existem também expressões religiosas que provam o quanto a crença em Deus é forte na vida cotidiana do povo brasileiro: "Graças a Deus!"; "Se Deus quiser!"; "Vá com Deus!"; "Se Deus for servido..."; "Deus te abençoe!"; "Deus lhe pague!"; "Deus é maior!"; "Deus que me perdoe!"; "Deus me livre!"...

TEXTO

O texto *O Sol nasce para todos* pode ser abordado sob diversos aspectos: os vários significados de uma frase popular; direitos iguais e generosidade da natureza; a linguagem simbólica usada para falar do Criador; a sabedoria contida na cultura popular; a crença na existência de Deus e as "nuvens" que o escondem.

O SOL NASCE PARA TODOS

É época de chuvas aqui no Recife.

Durante a aula de Língua Portuguesa a professora propôs uma espécie de jogo superlegal: um grupo selecionava um provérbio da cultura brasileira e outro questionava o seu significado. Meu grupo escolheu: "O Sol nasce para todos". Um outro grupo perguntou, com bom humor: "E quando chove?".

À tarde fui até a loja de meu amigo Abdul. Ele é árabe e tem mais de 70 anos de idade. Conta histórias islâmicas e já foi à minha sala de aula conversar a respeito da comunidade muçulmana que vive no Brasil. Naquela tarde, contei a ele a nossa brincadeira da manhã, com as palavras "Sol" e "chuva". Ele então me deu uma aula de sabedoria. Começou perguntando:

– Como você poderia comparar as duas frases e a crença em Deus?

– Sei que muitas tradições religiosas consideram o Sol um símbolo de Deus.

– E você acredita que, quando chove, o Sol está ausente do firmamento?

– Não, está apenas encoberto por nuvens.

– Então, a que você compararia um dia de chuva?

– Talvez ao fato de não vermos Deus, mas isso não é a prova de que não exista.

– Exatamente! Por isso tantas tradições religiosas veem no Sol um símbolo de Deus.

Agora, quando chove, lembro que a chuva esconde o Sol como um segredo, para além das nuvens, e fico pensando na sabedoria de Abdul, meu amigo muçulmano.

Organizar grupos que interpretem o provérbio "O Sol nasce para todos" e imaginem uma cena (todas as crianças brasileiras na escola, todas as pessoas com moradia, todos os adultos com trabalho, todos os anciãos amados pela família, todos os bebês no colo de alguém).

Sugerir que representem a cena com desenho ou pintura.

CÍRCULO DE INICIAÇÃO

No grupo você pode dialogar:

- O que significa "O Sol nasce para todos"?

Depois pode fazer um desenho, representando a conclusão do grupo.

TRAVA-LÍNGUA

Repita rápido sem errar:

Um grego é gago
Um grogue é grego
Outro é gagá.

TRILHA DA SABEDORIA

Pesquisar provérbios populares e descobrir interpretações religiosas para eles.

MENSAGEM DA SEMANA

NOVO DIA

Não sei quantos momentos de paz
quantos pedaços de Sol
o novo dia me traz
não sei quantos momentos de luz
quantos pedaços de sombra
o novo dia produz.

Mas sei que meu Sol é fiel
e está sempre inteiro no céu
por isso, não temo o caminho
pois não vou sozinho

Em meu caminhar
o Sol, mesmo quando encoberto
está sempre por perto
querendo brilhar.

Não sei quantos momentos de amar
quantos encontros de ver
o novo dia trará
não sei quanta lembrança de ser
quanta saudade de ter
o novo dia terá.

Porém, teu amor não tem fim
e está sempre inteiro pra mim
por isso, não temo o caminho
pois não vou sozinho
em meu caminhar
e, mesmo que estejas ausente
te sinto presente
querendo ajudar.

José Acácio Santana. CD *Presença*.
Paulinas/COMEP, 1997.

UNIDADE 4

Construímos nossa história

Objetivo Perceber, por meio de costumes, crenças e ritos religiosos, que o povo brasileiro vê um significado sagrado na vida cotidiana.

4.1. O Brasil em uma sala

OBJETIVO

Conhecer os sinais da diversidade religiosa que existem na região e compreender a formação da cultura brasileira.

MATERIAL

Material de pesquisa: livros, documentários, revistas e *sites* da internet sobre lendas, mitos, crenças, contos, rezas, cerimônias, festas religiosas do Brasil ou da região.

CONTEÚDO DE APOIO

O sagrado na cultura popular brasileira é resultado da diversidade de nossas raízes mais antigas – indígenas, africanas e cristãs –, que se traduzem em congadas, moçambiques, embaixadas, novenários, quilombos, maracatu, instrumentos musicais, vestimentas, passos de dança e numerosas festas.

As lendas e os mitos mais conhecidos no país também atestam a diversidade: o saci, o caipora, o curupira, a mãe-d'água, o negrinho do pastoreiro, o boitatá, a lenda da mandioca, o nascimento das estrelas, a cobra Norato, a gralha azul, o negro do rio, a lenda do milho, a lenda do guaraná...

É interessante incentivar os alunos a descobrirem as expressões da religiosidade popular classificadas como folclore.

TEXTO

O texto *A janela mágica* pode ser abordado sob vários aspectos: recuperação de valores da cultura popular e do folclore; manifestações próprias da região ou da cidade (festas religiosas, danças, roupas, alimentos típicos); valores que aparecem nas apresentações folclóricas (colaboração, participação, harmonia, beleza, alegria, recuperação do conhecimento dos mais idosos); importância da tecnologia, quando não é possível conhecer ao vivo a cultura popular (internet, TV, documentários e outros); origem religiosa das manifestações (cores, danças, instrumentos, ritmos, objetos sagrados indígenas e africanos; santos, cerimônias, rezas).

A JANELA MÁGICA

Minha escola localiza-se em uma cidade grande. Quase não conheço manifestações folclóricas ao vivo.

Durante a última aula de Ensino Religioso, assistimos a um filme de festas populares de várias regiões do Brasil. Depois, comunicamos nossas impressões a respeito do filme. No diálogo, compreendemos que o folclore comunica crenças e valores sagrados. O movimento, a música, o ritmo, as cores e as palavras despertam sentimentos.

Concluímos o diálogo com a certeza de que o país é rico em manifestações culturais e religiosas, porque nossa cultura recebeu contribuições de muitos povos e tradições religiosas que continuam vivas até hoje. A aula acabou como se todo o povo brasileiro estivesse reunido conosco. Desde aquele dia passamos a chamar a sala de projeção da escola de "janela mágica". Através dela, vemos um Brasil diferente, mais bonito, alegre e sagrado.

Colocar à disposição o material de pesquisa, organizar grupos e pedir que escolham uma manifestação religiosa ou folclórica para pesquisar.

Se isso não for possível, pedir aos estudantes que contem o que conhecem do assunto. Nesse caso, pode ser escolhido um relato e o exercício a ser feito em plenário.

Sugerir que procurem descobrir no relato os sinais do sagrado na diversidade da cultura.

Exemplo:

A *manifestação religiosa* de benzer uma ferida, traçando sobre ela uma cruz com um raminho molhado possui *tradições religiosas* indígena (usar um raminho molhado) e cristã (traçar a cruz) e relaciona-se com *valores e atitudes*, como cuidar da saúde e aliviar a dor.

CÍRCULO DE INICIAÇÃO

Você pode conversar com a turma ou pesquisar em grupo a respeito de manifestações da cultura popular. Após escolher uma delas, pode procurar identificar sinais da tradição religiosa indígena, afro-brasileira, cristã ou outra. Depois, pode observar se a manifestação escolhida traz valores e atitudes que você quer assumir em sua vida.

TRAVA-LÍNGUA

Repita rápido sem errar:

Um dedo, um dado, um dia
Um dia, um dado, um dedo
Um dedo, um dia, um dado
Um dado, um dedo, um dia
Um dia, um dedo, um dado
Um dado, um dia, um dedo

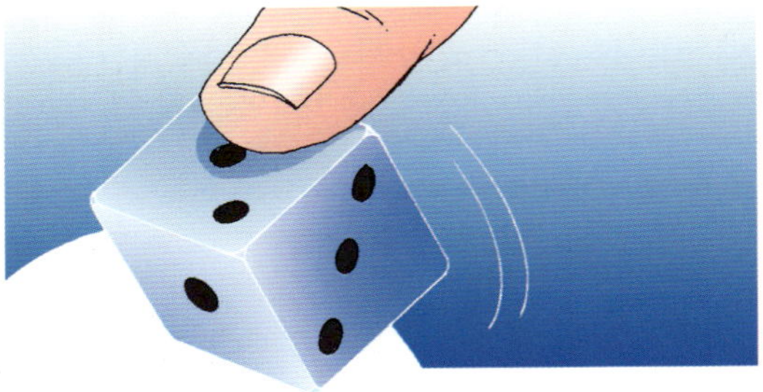

TRILHA DA SABEDORIA

Você pode escolher uma destas atividades:

- Conversar com pessoas idosas e pedir que contem o que aprenderam na infância: crenças, histórias, lendas, festas, casos e cantigas sagradas.

- Procurar músicas de cerimônias religiosas populares (reisado, terno de zabumba, pastoril, boi).
- Pesquisar e escolher uma lenda para reescrever e recontar.

MENSAGEM DA SEMANA

O reisado é um dos autos populares da época do Natal. Celebrado nas mais diversas regiões do Brasil, representa a visita dos Reis Magos ao Menino Jesus. Na celebração, os participantes cantam, dançam e visitam as casas da comunidade, fazendo reverências e cumprimentando os moradores. Para o dono da casa visitada, é uma grande honra e uma bênção receber os membros do reisado com muita hospitalidade e mesa farta.

Observe a linguagem diferente, própria da cultura popular.

REISADO DE ALAGOAS

O sinhô dono da casa
hora de sê festejado
o sol entra pela porta
e o luar pelo telhado

Aqui estou na vossa porta
com a mão na fechadura
onde estás que não me falas
coração de pedra dura?

O sinhô dono da casa
olho da cana caiana
quanto mais a cana cresce
mais aumenta a sua fama

Que três *reises* são aqueles
que vêm da parte do mar?
São os três Reis do Oriente
que a Jesus vão festejar.

Tema folclórico recolhido em Maceió (AL), por Ely Camargo.
CD *Cantigas do povo, água da fonte*. Paulinas/COMEP, 1999.

4.2. A procura do irmão

OBJETIVO

Observar que na tradição oral do povo, mesmo que mude quase completamente a forma de um relato religioso, ele não perde sua mensagem essencial.

CONTEÚDO DE APOIO

Relatos de origem bíblica permeiam a comunicação popular brasileira. A história de *Cainca e Abela* foi recolhida em 1983, em uma região que na época pertencia ao estado de Goiás e agora é Tocantins. Foi relatada pelo senhor José Divino do Amaral, que disse tê-la ouvido na infância, quando o avô a contou como sendo uma história da Bíblia. A mensagem principal do relato – "Onde está teu irmão?" – permaneceu intacta na versão popular da história, enquanto os elementos secundários foram mudados conforme a cultura local.

TEXTO

O texto *À sombra da mangueira* pode ser abordado sob vários aspectos: as pessoas idosas apreciam contar histórias para as crianças; ouvir histórias pode ser tão fascinante quanto assistir à televisão, navegar na internet ou ler uma revistinha; o povo brasileiro tem histórias, lendas, mitos, *causos* e cantigas sagradas, cuja comunicação traz muitos ensinamentos; em todas as tradições religiosas, os adultos contam histórias para as crianças; em algumas tradições religiosas (indígenas e afro-brasileiras) as histórias são orais e em outras (Cristianismo, Islamismo, Budismo, Fé Bahá'i), estão escritas nos livros sagrados, mas são repetidas também oralmente; por meio de histórias; é possível encontrar os mesmos ensinamentos em desenhos de TV (amizade, defesa dos fracos, combate aos maus, ajuda, lealdade, heroísmo, coragem, opção pela justiça e pelo bem).

À SOMBRA DA MANGUEIRA

Vovô Devino tem quase 90 anos de idade. Ele sempre viveu junto à natureza e cultivou a terra. Eu e meus primos e primas somos seus tataranetos. Vivemos no interior do estado de Tocantins.

Quando nos reunimos na casa do vovô Devino, as rodas de conversa à sombra da mangueira nos fazem viajar com a imaginação para tempos e lugares geniais. Ele conta histórias que aprendeu na infância. No último encontro, contou a tragédia de dois irmãos.

CAINCA E ABELA

Antigamente, quando tudo era paz e sossego, havia dois irmãos moços: um bom, chamado Abela, e um mau, chamado Cainca. Os dois gostavam da mesma moça.

Um dia, Abela foi cavar com uma estaca, para fazer um roçado na beira de um *corguinho*,[1] bem onde Cainca tinha o roçado dele. Cainca quis se livrar de Abela, para ficar com a moça. Ele viu que não havia ninguém por perto. Pegou a estaca e estatelou o irmão ali mesmo. Mas quem estava por trás de tudo era o Caipora.

Quando Deus soube do crime, perguntou a Cainca: "Onde está teu irmão?". "Não sei", disse ele. "Talvez um bicho do mato o comeu". E Deus respondeu: "Por matares teu irmão, serás errante na terra".

Ler o relato de *Cainca e Abela*.

Pedir aos alunos que narrem o que sabem sobre o relato bíblico de Caim e Abel (Gn 4,1-12). Anotar o relato na quadro.

Pedir que comparem as ideias principais dos dois relatos e vejam as palavras do texto oral que continuam iguais ao texto sagrado escrito.

CÍRCULO DE INICIAÇÃO

Você sabia que a história contada por vovô Devino é originada de um relato da Bíblia, o livro sagrado das tradições religiosas judaica e cristã? Sabia que a comunicação oral pode mudar os detalhes de uma história, mas não muda a ideia principal?

Você pode comparar as histórias de Cainca e Abela e o relato bíblico de Caim e Abel e ver o que elas têm de semelhante.

[1] Pequeno córrego, riacho, no dizer popular.

TRAVA-LÍNGUA

Lalá, Lelé e Lili e suas netas Lalalá, Lelelé e Lalili
E suas bisnetas Lilelá, Lalilé e Lelali
E suas tataranetas Laleli, Lilalé e Lelilá
Cantavam juntas Lalalalalalalá!

TRILHA DA SABEDORIA

Você pode convidar uma pessoa idosa para que venha à sala de aula contar histórias sagradas.

MENSAGEM DA SEMANA

CADÊNCIA

Pega uma canção que tem cadência
e na cadência desse canto
olha pro céu e canta um canto
Eee... Eeeia...

Pega a mão de quem está do teu lado
pega a mão de algum irmão
segura aquela mão amiga
Eee...Eeeia...

Pega aquela mão que tá na tua, eleva a tua
vai levando aquela mão na direção do céu.

Canta um canto novo de louvor
canta as maravilhas do Senhor.
Balança as mãos, sacode o ombro
ensaia um passo e nos alegremos no Senhor!

Pe. Zezinho. CD *Canções que a vida escreveu.*
Paulinas/COMEP, 1997.

4.3. A festa das surpresas

OBJETIVO

Refletir a respeito das possibilidades que a escola tem de praticar ações cidadãs, em benefício de toda a sociedade ou com objetivo específico em relação à vida dos estudantes.

CONTEÚDO DE APOIO

Superar a rivalidade e a exclusão entre as tradições religiosas é indispensável para o respeito e a valorização da diversidade na sociedade brasileira.

No Brasil, de alguns anos para cá, vêm ocorrendo frequentes eventos inter-religiosos, nos quais as várias tradições religiosas refletem acerca de suas crenças e esperanças comuns, projetam ações conjuntas de cidadania e solidariedade, conhecem as mútuas diferenças e crescem no conhecimento recíproco, respeito e amizade. Na sala de aula é importante motivar os alunos a superar diferenças e inimizades religiosas, a cultivar a acolhida e a colaboração, sem exigir que o outro abandone sua originalidade. Este é um dos objetivos do Ensino Religioso.

TEXTO

O texto *Comunidades cidadãs* pode ser abordado sob vários aspectos: proteção do meio ambiente; benefício para os alunos; superação de diferenças; aproximação; amizade; esperança de todas as tradições religiosas; participação cidadã na construção da sociedade de vida para todos.

COMUNIDADES CIDADÃS

No ano passado, fizemos a assembleia da comunidade educativa: alunos, professores, outras pessoas que nos ajudam com seu trabalho na escola e nossos familiares. Foram várias as resoluções, mas uma delas nos motivou de verdade. A todos os que participam de uma comunidade religiosa pedimos que juntassem material reciclável e mandassem para a escola, e as comunidades entraram na roda da cidadania.

Um dos corredores da escola recebeu tonéis artisticamente decorados pelas turmas e lá se depositou tudo o que foi sendo trazido. Após um ano de venda do material

reciclável foi possível comprar um aparelho projetor de filmes. Agora temos nossa sala multimídia que serve para todas as turmas.

Inauguramos a sala, e as comunidades de todas as tradições religiosas foram convidadas. Foi uma agradável surpresa, porque o resultado do trabalho comunitário mostrou que não há motivo para cultivar rivalidades e afastamentos.

A maior surpresa, porém, foi ver pessoas que não se cumprimentavam, por serem de igrejas diferentes, apertarem a mão umas das outras com orgulho e satisfação por terem participado do projeto. Ninguém mais impede a comunicação e a amizade em nossa escola e em nossas igrejas ou tradições religiosas. E os tonéis do corredor continuam sendo abastecidos e esvaziados continuamente.

Organizar grupos que elaborem sugestões de ações cidadãs que poderiam ser desenvolvidas na escola (cultivo de flores, preparação de uma horta, pintura ou recuperação de ambientes ou objetos de uso comum, confecção de mensagens de otimismo e paz para serem espalhadas no ambiente da escola).

Após a apresentação das sugestões, escolher uma delas para ser realizada pela turma.

CÍRCULO DE INICIAÇÃO

Em grupo, você pode elaborar sugestões de cidadania na escola.

Após os grupos terem apresentado as sugestões, você pode ajudar a escolher uma delas para ser desenvolvida pela turma.

TRAVA-LÍNGUA

Em um ninho de mafagafos cinco mafagafinhos há.
Quem os desmafagafizar bom desmafagafizador será.

TRILHA DA SABEDORIA

Providenciar o necessário para que se realize a ação cidadã que foi combinada.

MENSAGEM DA SEMANA

A LUZ DO MUNDO NOVO

Olha, que luz é aquela
que nasce lá dentro
dessa escuridão
é o mundo novo e bonito
que fazem as crianças
organização

Quando as crianças se juntam
sentem o sofrimento
do pão que não têm
ou da escola ou da terra
doença e de tudo
que traz a opressão

E os grupinhos estudam
combinam o que podem
dão opinião
até encontrar o caminho
escolhido por todos
tomar decisão

Brincam, conversam
estudam
uma nova maneira
de se melhorar
tudo o que fazem é bonito
enfrentam as lutas
sem desanimar

Olham a vida de frente
querendo que a gente
faça a união
criam um mundo alegre
de fé e carinho
e participação.

Afonso Horácio Leite e Coletivo MAC.
CD *Sonho de menino*.
Paulinas/COMEP, 2002.

4.4. Uma mesa no terreiro

OBJETIVO

Celebrar o sonho de um país onde a comunicação na diversidade seja motivo de respeito e aceitação mútua entre as diferentes culturas e tradições religiosas.

MATÉRIA

Um grande mapa do Brasil, desenhado e recortado em papel pardo ou outro. Revista para recortar ilustrações e palavras, material de desenho e escrita, pequenos retalhos de papel para escrever palavras, cola ou fita adesiva.

CONTEÚDO DE APOIO

A linguagem simbólica é própria do estilo literário dos textos sagrados e fala dos sonhos de igualdade, paz, partilha e felicidade para todos. Alguns elementos do texto referem-se a particularidades das teologias de uma ou outra tradição religiosa:

- As portas abertas simbolizam a contribuição que cada tradição religiosa pode dar para a vida cotidiana.
- Os caminhos representam a possibilidade de avançar rumo a uma meta.
- Os cânticos em várias línguas e o coral de pássaros simbolizam a diversidade da natureza e a sabedoria humana em harmonia.
- O terreiro simboliza o ambiente sagrado da terra, que o Criador preparou para as criaturas.
- A grande mesa no centro do terreiro é o lugar de igualdade. É ainda o altar das oferendas que todas as tradições religiosas dirigem ao Criador.
- O pão simboliza o alimento reverenciado como fonte de vida e direito de todos. Pão de trigo (tradições religiosas cristãs), pão de milho (tradições religiosas afro-brasileiras), pão de mandioca (tradições religiosas indígenas), pão de arroz (tradições religiosas orientais). Os 200 milhões de fatias iguais, quebradas e não cortadas, simbolizam a presença de cada pessoa do povo brasileiro e a ausência de facas ou outras armas, que são substituídas pela ação solidária das mãos que quebram o pão e repartem.
- O Sol ao meio-dia é a luz do sagrado que transforma todo sonho em esperança e traz a certeza de um futuro melhor.

TEXTO

Escolher alguns dos aspectos apresentados anteriormente para abordar o texto *O país de nossos sonhos*.

O PAÍS DE NOSSOS SONHOS

A última aula de Ensino Religioso do ano será um verdadeiro festival de arte e cidadania. Somos uma turma grande, organizada em grupos, e estamos preparando surpresas para a despedida.

Meu grupo imaginou um sonho comunitário. Vamos encenar, de forma simbólica, o país novo com que sonhamos. Um Brasil só de caminhos, estradas que se aproximam, conduzem a um só lugar. Cada estrada sai de uma porta, as portas do templo, da igreja e do terreiro, da catedral, da mesquita e da casa de reza, do centro, da capela e da sinagoga. Todas as estradas terminam em um imenso terreiro rodeado de árvores, com frutos maduros, e repleto de animais domésticos e flores.

Em nosso sonho é madrugada. Os pássaros saúdam o dia em festa. Assim que o Sol começa a iluminar edifícios e casas, vilas e morros, campos e florestas, ouvem-se cânticos ao longe, vindos de todas as portas sagradas que foram abertas. Milhões de pessoas de todas as idades, estaturas, etnias e aparências vêm lado a lado, cantando com os passarinhos.

No centro do terreiro foi preparada uma mesa cheia de pães e bolos de trigo, de milho, de arroz e de mandioca, repartidos em 200 milhões de fatias iguais. Ao meio-dia, quando o sol faz tudo ficar dourado com sua luz, chegam caravanas de todas as regiões. Entoam saudações, hinos e cantilenas sagradas em muitas línguas diferentes. Recebem e entregam fatias de bolo e pão, que passam por todas as mãos abertas, e à luz do sol parecem pepitas de ouro. Ou melhor, parecem estrelas em todas as mãos, porque um país assim está muito perto do céu.

Esse é o texto que escrevemos sobre o nosso sonho. Agora falta imaginar a apresentação. Você tem alguma ideia?

Convidar os alunos a lerem o texto e interpretarem os elementos simbólicos.

Distribuir as revistas e o material de escrita e pedir que procurem gravuras e palavras ou desenhem e escrevam aquilo que deve aparecer no Brasil que sonham.

Pedir a todos que colem suas contribuições no mapa.

Escolher um título para o mapa (*O Brasil que sonhamos* ou outro).

CÍRCULO DE INICIAÇÃO

Você pode ler o texto *O país de nossos sonhos* e dar sua opinião a respeito dos símbolos que nele aparecem. Depois, pode folhear revistas e selecionar cenas e palavras significativas e colar no mapa do Brasil. Depois é só escolher um título para o trabalho coletivo da turma.

TRILHA DA SABEDORIA

Com a turma, você pode organizar e preparar uma apresentação-surpresa para o encerramento das aulas. Que tal encenar *O país de nossos sonhos*?

MENSAGEM DA SEMANA

GRANDE MESA

Nosso Deus preparou uma mesa
pra todo o povo se alimentar
quem está faminto, oprimido, temeroso
proclama clamoroso: quer participar!

O plano do Deus da vida:
fartura, comida, a fome não tem lugar
o pão na mesa do povo
banquete pra todos, você tem lugar!

Nosso Deus preparou uma grande mesa
pra todo o povo se alimentar
quem está querendo construir um mundo novo
aprenda com este povo a compartilhar

Nosso Deus preparou uma grande mesa
pra todo o povo se alimentar
quem diz que ama muito a Deus e é respeitoso
só não é mentiroso se aos irmãos amar.

João Carlos. CD *Grãos de areia*.
Paulinas/COMEP, 1998.

Avaliação periódica

ASPECTOS A SEREM AVALIADOS

- A participação de cada um.
- As atitudes que cada um conseguiu viver durante o ano.
- Se o livro ajudou ou dificultou as aulas.
- Quais as atividades que mais agradaram.
- Quais as que não funcionaram bem, e por quê.
- Se houve momentos de desinteresse, desordem, confusão, e quais foram os motivos.
- O que precisa ser modificado.
- O que pode continuar como está.
- Quais as sugestões de mudanças.
- Como cada um se sentiu no grupo.
- Como foi a participação dos familiares.
- Fazer uma síntese escrita dos principais pontos dialogados.

Glossário

Abençoar/bênção – invocar proteção e favor de Deus sobre alguém. Ação de Deus que protege e concede seu favor. As tradições religiosas têm modos próprios para invocar a bênção em diversas circunstâncias. Nas tradições religiosas antigas, era costume apresentar vítimas e oferendas aos deuses, em troca da bênção para os campos, as colheitas, os animais ou a fertilidade dos casais.

Antepassados – pessoas já falecidas que são veneradas pelas famílias. Os descendentes acreditam que os espíritos dos antepassados, que vivem no mundo transcendente, podem protegê-los, ajudá-los e guiá-los.

Budismo – doutrina e prática da tradição religiosa fundada no século VI a.C. por Siddhartha Gautama, um príncipe indiano que, ao chegar ao estado de iluminação e compreensão da vida humana e do transcendente, passou a ser chamado de Buda, que significa "iluminado".

Corão – livro sagrado da tradição religiosa muçulmana. Revela o desígnio de Alá (Deus) para os crentes islâmicos. Foi escrito no século XVII d.C., ditado aos escribas por Maomé, fundador do Islamismo e seu maior profeta.

Crenças – ensinamentos, ideias, doutrinas que são objeto de confiança, esperança ou certeza. São o resultado de experiências elaboradas em forma de ideias ou convicção que, transmitidas de uma geração a outra, mantêm vivas as tradições religiosas.

Criação – termo que se refere à existência do universo e da matéria, pressupondo a visão religiosa de que tudo o que existe foi criado por um ser criador.

Cristianismo – doutrina e prática das Igrejas Cristãs, e originadas da vida, pregação, morte e ressurreição de Jesus Cristo, conforme as narrativas do Segundo ou Novo Testamento, a segunda parte da Bíblia.

Dignidade – palavra normalmente usada quando a pessoa possui um cargo ou título. Mas todo ser humano tem dignidade e merece respeito, pelo simples fato de existir.

Escritos/livros sagrados – rolos, livros, inscrições em pedras, em templos etc., que contêm doutrina, sabedoria e ética das tradições religiosas escritas. Alguns foram escritos pelos fundadores das respectivas tradições; outros, de origem remota, são de autoria desconhecida.

Espíritos – algumas tradições religiosas do passado e de hoje creem nos espíritos dos antepassados, que continuam vivos e podem comunicar-se com os descendentes por meio de sonhos; outras creem também nos espíritos totêmicos, isto é, em determinados animais, vegetais ou objetos que protegem a tribo ou indivíduo. As tradições religiosas indígenas do Brasil creem em espíritos dos elementos da natureza.

Eternidade – ausência dos limites de tempo, espaço, começo e fim; realidade que transcende a história. Na visão religiosa é o mundo transcendente, a dimensão onde se encontram Deus e os seres humanos falecidos.

Ética – valores e princípios que regem o comportamento das pessoas, de uma sociedade, de um grupo específico (ética médica, por exemplo) ou do ser humano de maneira geral. As tradições religiosas têm, em suas tradições orais ou escritas, parâmetros desses valores e princípios.

Etnia – palavra grega que define "outra nação", "diferente"; grupo humano que se caracteriza por ter a mesma origem cultural, geográfica, histórica ou étnica, que o distingue de outros grupos.

Folclore – palavra de origem germânica que significa "sabedoria do povo", "educação popular". Refere-se a várias formas populares de transmitir crenças, sentimentos, ensinamentos etc. Essas formas derivam de uma linguagem inconsciente cujas origens alcançam as primeiras experiências e sensações da consciência humana primordial. São elas: ritmo, movimento, som, cor, luz, música, fogo. Os mitos, as lendas e os contos fazem parte de elaborações dessas experiências que passaram a ser comunicadas pela tradição oral.

Historicidade – condição humana inerente à vida; viver no tempo e no espaço, isto é, na história. As tradições religiosas creem e ensinam que após a morte a pessoa vive em uma outra dimensão, fora do tempo histórico.

Ikebana – palavra japonesa que significa "dar vida" às flores, arrumando-as de modo artístico em conjunto com outros elementos (galhos secos, folhas, vasos). A confecção da *ikebana* é uma arte complexa. Geralmente, a cada posição da flor corresponde a representação de um membro da família ou dos antepassados.

Imagens rupestres – imagens que foram gravadas em rochas há milhares de anos e se conservam até hoje. Por meio de sua interpretação, os pesquisadores chegam a determinadas conclusões a respeito dos povos que as produziram.

Iniciação – ritos das tradições orais e escritas que marcam a passagem da infância para a idade adulta e tornam a pessoa plenamente participante dos direitos e deveres sociais e religiosos de seu grupo.

Islamismo – religião fundada pelo profeta Mohammad (Maomé), no início do século VII, na região da Arábia. A palavra *Islã*, em árabe, significa "submissão à vontade de Deus". Os seguidores dessa religião são chamados mulçumanos ou islamitas. *Allah* é a tradução da palavra "Deus" na língua árabe.

Judaísmo – tradição religiosa do povo de Israel, organizada quando os deportados do exílio da Babilônia reconstruíram o Templo de Jerusalém. A reorganização do culto ao deus bíblico Adonai e a fundação de sinagogas marcaram o início da tradição religiosa judaica, que perdura até agora.

Locais sagrados – locais de reunião e celebração de ritos e cultos: igreja, templo, mesquita, sinagoga, casa de reza, centro, terreiro e outros.

Luteranismo – Igrejas Cristãs que seguem a Reforma Protestante iniciada na Europa, no século XVI, por Martinho Lutero.

Mitologia – conhecimento dos mitos, que são histórias fantásticas cujos personagens são deuses, espíritos, elementos da natureza e seres humanos. Os mitos, usando uma linguagem simbólica, tentam responder às mais importantes perguntas humanas: a origem da vida e das coisas, o sentido e o destino da vida, o sentido da morte e do sofrimento e o que existe após a morte.

Oferendas – alimentos ofertados a Deus, aos deuses, aos espíritos ou aos antepassados, em cerimônias rituais das tradições religiosas. Em geral, as oferendas são depois compartilhadas e consumidas pelos participantes. É uma forma de simbolizar a convivência com o transcendente.

Pajé – palavra tupi-guarani que denomina líderes religiosos de nações indígenas do Brasil. Realizam as cerimônias religiosas, são mediadores entre os espíritos e a tribo, conhecem os segredos das plantas medicinais e os ritos de cura, protegem a aldeia da ação dos maus espíritos, atraem bênção e proteção.

Prática religiosa – conduta referente à ética de vida e aos ritos e cerimônias de determinada tradição religiosa.

Rabino – palavra de origem hebraica que significa "nosso mestre". Título do líder religioso da comunidade judaica. O rabino instrui e orienta a comunidade judaica na doutrina e no seguimento das prescrições religiosas.

Reduções missionárias – vilas missionárias onde eram abrigados os índios, a salvo dos caçadores de escravos. Algumas deram origens a cidades, como São Paulo (SP).

Tradições religiosas africanas – tradições religiosas dos povos da África, em geral voltadas para o culto aos orixás e aos ancestrais.

Tradições religiosas afro-brasileiras – tradições religiosas africanas que se fundiram com outras matrizes religiosas do povo brasileiro, como as tradições indígenas e cristã.

Reverência – reconhecimento da dignidade e da grandeza de alguém e expressão desse sentimento em forma de gesto, atitude, palavra etc.

Rito – conjunto de gestos, palavras e símbolos invariáveis que constituem determinada cerimônia religiosa. Por exemplo, o rito do matrimônio. Termo usado também para definir um grupo cultural específico dentro de uma mesma tradição religiosa. Por exemplo: rito católico-romano, rito católico-armênio etc.

Sagrado – local, objeto, símbolo, doutrina, linguagem reservados para a comunicação com o transcendente ou a ele dedicados.

Seicho-no-Iê – expressão japonesa que significa "casa do crescimento". Grupo religioso de origem japonesa que prega a superação das doenças e do mal por meio de uma vida saudável, da conduta reta e da harmonia interior. Incentiva a unidade de todas as tradições religiosas.

Símbolo – algo que representa e faz lembrar um sentimento ou ideia (como o coração lembra amor; água, possibilidade da vida). Os símbolos religiosos representam as crenças e os ensinamentos de cada tradição religiosa. Por exemplo: a luz que lembra a existência e a presença de Deus ou o círculo que lembra a imortalidade.

Sinagoga – palavra de origem grega que significa "reunião". São os locais onde se centralizam a vida e tradição religiosa das comunidades judaicas. Nela estão guardados os rolos da Torá, que são lidos, meditados e estudados. O culto principal, de oração e leitura da Torá e de outros escritos sagrados, realiza-se aos sábados.

Templo – construções que caracterizaram os lugares sagrados das primeiras civilizações e dos povos antigos. Em geral, foram imponentes e sólidas, e muitas de suas ruínas existem até hoje. A palavra atualmente é usada com mais frequência em relação ao templo judaico de Jerusalém, que foi destruído pelos romanos no ano 70 d.C. Seus muros são lugar de veneração até hoje. É ainda aplicada a lugares atuais de reunião de grupos religiosos.

Terreiro – centro da aldeia, local onde se desenrola a vida social e religiosa das sociedades tribais. O nome foi preservado para definir a função dos centros religiosos afro-brasileiros.

Tradição oral – crenças e ensinamentos de um povo que são comunicados de uma geração a outra por meio de mitos, histórias, sagas e lendas e formam a cultura e a identidade desse povo. São as formas mais antigas de comunicação religiosa e existem em muitas regiões do mundo.

Tradição religiosa – termo usado atualmente para designar determinado grupo religioso ou conjunto de doutrina, ética e culto de uma tradição religiosa. Por exemplo: tradição religiosa islâmica, tradição religiosa budista etc.

Tradições religiosas indígenas – indica especificamente a tradição das aldeias indígenas do Brasil; conjunto de tradições, costumes e ritos que não possuem escritos sagrados e mantêm sua identidade pela tradição oral.

Transcendente – algo que transcende, que está além das realidades deste mundo. A palavra "transcendente", de modo geral, é usada em relação a mistérios e crenças religiosas, isto é, à existência de seres e realidades que a capacidade humana não consegue apreender plenamente e são expressas por meio da linguagem simbólica.

Sumário